Accompagner en hôpital

Oser la rencontre

La ***Chronique sociale*** est à la fois un organisme de formation et de recherche et une maison d'édition. Fondée à Lyon en 1892, elle s'est préoccupée dès ses origines de sensibiliser aux évolutions de la société et de suggérer une organisation de la vie collective plus solidaire et plus respectueuse des personnes.

Actuellement, les ***Éditions de la Chronique sociale*** publient des ouvrages et des jeux pédagogiques qui contribuent à mettre en œuvre ces orientations. Issus de pratiques professionnelles et sociales, ils sont au service de tous ceux qui s'efforcent de mieux comprendre le monde.

Chacun pourra s'approprier ces outils et les utiliser, tant pour son développement personnel que pour une action collective efficace.

Pour plus d'informations :
www.chroniquesociale.com

Couverture : Marc Betinas

Responsable des Éditions : André Soutrenon

Photographies : Philippe Arvers / Bénédicte Boisseau / Timothée Boisseau / Baptiste Hanser / Chantal Moraillon / Guy Moraillon / Gérard Naveau.

Correction : Monique Huissoud

Imprimeur : Sepec

Chronique sociale, Lyon, Dépôt légal : septembre 2014

Imprimé en France

IMPRIM'VERT®

PEFC™ 10-31-1470 / Certifié PEFC / Ce produit est issu de forêts gérées durablement et de sources contrôlées. / pefc-france.org

Odile Arvers Pierre Kerloch
Anne Lortat-Jacob Guy Moraillon

Accompagner en hôpital

Oser la rencontre

Comprendre les personnes

l'essentiel

Chronique Sociale 1, rue Vaubecour - 69002 Lyon
Tél. : 04 78 37 22 12

Remerciements

Que soient remerciés :

- toutes celles et ceux qui sont présents dans ces récits. Leur rencontre restera à jamais gravée dans nos cœurs d'aumôniers. Qu'elle puisse servir à d'autres ;
- toutes les personnes accompagnées qui nous appellent, transformant sans cesse notre relation aux hommes et à Dieu ;
- les soignants qui ne négligent pas leur peine, n'hésitent pas à prendre en considération les besoins des personnes malades dans toutes leurs dimensions et avec lesquels en tant qu'aumôniers nous pouvons travailler main dans la main.

Que soient également remerciés :

- Jean-Marc Grenier responsable du pôle soin pour sa préface, sa constante attention et bienveillance ;
- Serge Baqué, prêtre de la Mission de France, pour la finesse avec laquelle il a su présenter les fruits inattendus de nos rencontres quotidiennes d'aumôniers ;
- Claire Pinet psychologue et aumônier pour son accompagnement dans ce travail d'écriture. Au-delà d'un conseil, d'un apport, c'est sa profonde implication que nous voulons saluer ;
- Marie-Pierre Brière et Georges Duplé pour leur précieux travail de relecture et de propositions.

Accompagner en hôpital

Préface de Jean-Marc Grenier *7*

Avant-propos *9*

Accompagnements et rencontres ***11***

C'était pourtant mal parti, ô combien mal parti 11
Un appel dans le couloir : « Madame, madame » 15
Émeline, une jeune gabonaise 17
L'Entrepreneur 19
Fleur en séjour psychiatrique 22
Remplacer l'aumônier musulman 25
Une bougie pour dire Adieu à son papa 28
Auprès des tout petits 32
Les funérailles d'un homme exemplaire 35
Au-delà du suicide 38
Noël en soins palliatifs 41
Une fillette pétrifiée 44
Deux pauvres parmi les pauvres 47
Un homme penché vers sa femme 51
Votre colère est légitime, Monsieur 54
J'ai eu une révélation 58
L'unité de concertation éthique en néphrologie 63
Appel pour un sacrement 65
Leur maman et grand-mère s'éteint à l'instant même 68
Un secret de famille 70
Parole libérée qui devient prière 73
Un homme entravé 74
Dominique m'a plus appris en quelques heures, que la vie en trente-cinq ans 78
Revivre après quatre-vingts ans 82
Un accident et la vie bascule 84
Une vie si courte 88
Albin est guéri 93

Témoignages ***99***
Rencontres… 99
Dieu m'attendait là… 102
Souvenirs d'une main tendue au-dessus d'un berceau… 105

Être aumônier : vocation et compétence **109**

Postface de Serge Baqué ***113***

Index des citations ***117***

Index des textes ***119***

Préface

Paroles d'aumôniers

L'hôpital, pour la personne malade ou le visiteur, c'est d'abord les médecins et les infirmières. Ils prennent soin du corps, le soulagent, le guérissent souvent. Mais parfois, dans les moments de grande détresse, quand la souffrance est trop forte, que la maladie va l'emporter, alors le patient et sa famille en appellent à leur foi. C'est souvent à ce moment qu'interviennent les aumôniers, prêtres, diacres ou laïcs. Ces hommes et ces femmes assurent une présence, une écoute bienveillante, apportent du réconfort et ils sont aussi porteurs d'une espérance inspirée par leur foi. Ils accompagnent les patients, les familles, parfois aussi les hospitaliers, dans ces moments où le sens de la vie se perd et que la science médicale ne peut plus rien.

J'ai lu avec beaucoup d'émotion les témoignages de ces hommes et de ces femmes qui ont pour mission de soulager les peines, d'aider à traverser l'épreuve et de permettre de trouver un sens aux épreuves douloureuses que la vie parfois nous inflige, sans que jamais nous y soyons réellement préparés. Et c'est une grande leçon d'humanité que l'on découvre page après page. On se rend compte que la première qualité des aumôniers est leur disponibilité aux autres et leur capacité d'abord à écouter. La foi est leur guide, l'empathie et la compassion qui les animent leur permettent de réaliser l'accompagnement spirituel qui fait de **chaque situation une rencontre unique.**

À l'égal des professionnels de santé, ils affrontent la souffrance, la solitude, la fin de vie. Mais ils n'ont aucun remède à donner, aucun appareil médical à mettre entre eux et celui qui va mal. Seule la foi qui les habite les protège et les aide à affronter l'indicible et à accompagner un moment une vie qui part, une famille dans le désespoir et la révolte de la perte d'un être aimé.

Pour tous ceux qui les réclament, les aumôniers participent à la prise en charge globale du patient et de sa famille.

S'ils interviennent souvent seuls, leur force et leur richesse c'est aussi l'équipe qu'ils forment au sein de l'aumônerie hospitalière. Comme pour le personnel soignant, le travail en équipe leur permet de libérer et de soulager le trop-plein d'émotions. La foi qui les anime leur permet de poursuivre leur mission.

Jean-Marc Grenier, directeur des soins et services
CHRU de Grenoble

© Bénédicte Boisseau

Avant-propos

Il y a quatre ans, à la suite d'une proposition de Guy, membre permanent de l'équipe d'aumônerie du CHU, quatre aumôniers, Odile, Pierre, Guy, et moi, Anne, nous nous sommes lancés dans cette aventure d'écrire des récits de visites auprès des personnes malades.

Qu'est ce qui nous a guidés ? Pourquoi, pour qui écrire ?

Je crois qu'il n'y a pas une réponse, mais peut-être un mot clé : **partager.**

Partager ce pas à pas dans l'hôpital, dans les couloirs, partager ces moments pleinement vécus de la rencontre de l'autre, avec l'autre. Partager un peu de ce compagnonnage que nous vivons les uns avec les autres.

Mettre des mots sur ces visites et accompagnements, parfois douloureux, insupportables même, parce que justement, étonnamment, à la fois il y a de l'insupportable et à la fois la vie circule avec une intensité et une profondeur inouïes.

Mettre en mots pour mettre à distance l'émotion, pour ne pas se laisser engloutir par la vague, et pour partager la grandeur et le vivant de la relation, au cœur même du scandale de l'épreuve. S'entremêlent dans ces rencontres la fraternité avec la solitude, la tendresse avec la violence, l'espérance avec la tristesse. Il faut du temps pour se dire, et pour se comprendre, et quand le temps est donné, apprivoisé, alors la vie peut se manifester pleinement et l'indicible joie se murmurer. **Chacun s'ouvre au mystère de l'autre.**

En tant qu'aumôniers, nous avons eu à cœur d'exprimer la grandeur et la beauté de notre travail et de comment tenter de se faire proches au cœur même de l'épreuve. L'intensité de la rencontre se joue peut-être dans la simplicité de se tenir là et de faire un petit bout de chemin avec l'autre, ensemble. Être, humblement, bien pauvrement, des compagnons d'humanité, et oser dire un peu de la tendresse de Dieu…

Ces récits ont été écrits à un moment donné de notre histoire ; pourquoi avoir choisi ces accompagnements plutôt que d'autres ? Mystère de la mémoire vive, mystère du choix à un moment. Il n'y a rien de figé, il y a ces personnes qui nous ont touchées, dans un temps de leur vie, et de la nôtre.

Ces récits sont à lire peu à peu ; ils ne se dévorent pas comme un roman. Ils s'inscrivent plutôt dans la lignée des écrits **à découvrir** doucement**, à apprivoiser, à méditer…** Parce qu'au-delà des drames qu'ils peuvent exprimer, notre souhait est qu'ils élargissent et ouvrent au mystère de la vie, et de l'espérance.

© Bénédicte Boisseau

Accompagnement et rencontres

“ C’était pourtant mal parti, ô combien mal parti ”

Un mardi matin. Nous sommes en groupe de paroles, en équipe d’aumônerie, avec Serge, le psychologue ; espace qui nous est donné pour déposer en vérité et avec humilité un accompagnement difficile à vivre, une situation où l’on s’est trouvé impuissant, non ajusté, mauvais. Un lieu de confidentialité où l’on peut déposer nos limites et nos pauvretés. C’est mon jour de travail. Mon portable vibre : « Bonjour, c’est bien l’aumônerie ? Je vous appelle car ma sœur est aux urgences depuis hier ; son état est très grave ; je voudrais qu’elle reçoive le sacrement des malades, elle en a vraiment besoin. » Nous sommes dans un temps de supervision, un temps important pour l’équipe et pour chacun ; je fais en sorte que l’appel soit bref, je prends le nom de cette dame, Mme Nicole P., le lieu précis où elle se trouve, et assure à ce frère soucieux que je ferai mon possible pour trouver un prêtre.

La supervision terminée, je téléphone à Jacques, un prêtre que nous connaissons bien et qui travaille avec notre équipe, pour lui demander de venir, si cela lui est possible, dans la journée. Mais Jacques ne répond pas et je laisse tous les renseignements sur son répondeur.

En début d’après-midi, je me rends auprès de Nicole, pour qu’un premier lien soit tissé avant la célébration du sacrement. Quand j’arrive devant la chambre, je trouve la porte ouverte ; trois personnes sont dans la pièce : une dame allongée, Nicole, qui me semble sans connaissance, une femme assise auprès du lit. Cette dame tient tendrement la main de Nicole. Debout dans la chambre, au fond, il y a un homme, soixante ans peut-être, appuyé au mur, un peu à l’écart. Je rentre, m’avance auprès de la personne alitée. Elle a les yeux fermés, ne les ouvre pas. Je ne crois pas qu’elle ait perçu ma présence. En revanche, la dame me regarde, puis pose son regard sur mon badge d’aumônerie. J’entends alors cette phrase. : « L’Église maintenant ! Il ne manquait plus que ça… » Comment dire ce que je ressens ? De la même façon que l’on se retrouve par terre, en skis, sans n’avoir rien vu venir, sans n’avoir rien compris, j’éprouve à l’instant le même sentiment, un mélange de surprise, de consternation, de colère, et d’humiliation ; je me sens mise à terre sans l’avoir mérité. Immédiatement, je recule de quelques pas, et réponds : « Vous ne nous attendiez pas, et vous ne désirez pas ma présence, je m'en vais, au revoir. »

Et puis, dans le couloir des urgences, me dirigeant vers la sortie, je ralentis le pas.

Pourquoi me vient le désir de retourner dans cette chambre ? Orgueil de s'être fait jeter comme une malpropre et besoin de revenir là-dessus ? Masochisme ? Besoin d'aller au bout de ce qui m'avait été demandé malgré la barrière imposée ? La catho que je suis croit en l'Esprit Saint, croit en ce Souffle qui fait vivre, agit et met l'homme en mouvement. A-t-il sa place dans ce revirement ? Je ne sais.

Toujours est-il que je fais demi-tour, et reviens vers la porte toujours ouverte. Une légère appréhension est en moi, mais elle ne m'empêche pas de rentrer dans la chambre, d'enlever mon badge sous le regard étonné de la dame, et de lui tendre la main. « Bonjour. C'est vrai que je suis de l'aumônerie, de l'Église comme vous l'avez dit tout à l'heure, mais je suis aussi une femme. Je m'appelle Anne ». Silence. Silence de quelques secondes, puis la dame prend la parole : « Mais vous passez dans toutes les chambres ? Ou vous a-t-on demandé de venir ici ? » **La parole s'ouvre, la relation est née.** S'ensuit alors un long temps d'échanges où cette dame, Jocelyne parlera, osera raconter leur histoire, une histoire d'amour, celle de Jocelyne et de Nicole, et de l'immense solitude et de la grande souffrance qui en ont résulté. Jocelyne parlera de leurs familles qui leur ont fermé la porte et se sont détournées d'elles, refusant de les recevoir ensemble quand elles ont annoncé leur choix de vivre ensemble. « Et c'est son frère qui ose vous appeler aujourd'hui ? Qu'est-ce qu'il sait du besoin de sa sœur ? Cela fait des années qu'il ne lui a pas parlé. » Puis Jocelyne me présente l'homme qui se tient debout en retrait. « Bruno est notre voisin de palier. Avec sa femme, ce sont nos meilleurs amis. Cela fait plus de quinze ans que nous nous connaissons. »

Notre conversation a duré une vingtaine de minutes. Nicole semble loin, Jocelyne ne lâche pas sa main. Je repars de la chambre avec un objectif : rappeler Jacques pour lui dire que ce n'est pas la peine qu'il vienne. Son portable est éteint, je laisse une fois encore un message. En quittant les urgences, me revient l'appel du frère de Nicole : « elle en a vraiment besoin... » Oui, je crois que Nicole avait un besoin urgent. Pas celui de recevoir le sacrement des malades, le sacrement du passage. Mais le sacrement du Frère et de la Rencontre, au croisement du profondément humain et du profondément divin et sacré. « Tout homme est une histoire sacrée » chante-on dans nos églises. C'est de cette tendresse-là dont, je crois, Nicole et Jocelyne avaient vraiment besoin. De ce sacrement qui assure que, tel que l'on est, on est pleinement reconnu et aimé.

Ironie du sort ? Humour de Dieu ? Jacques n'aura jamais le deuxième message. Et tranquillement, en cette fin de journée de mardi, ayant écouté le premier message lui demandant de venir sans tarder au CHU, Jacques se rendra auprès de Nicole, auprès de Jocelyne. Il y sera bien accueilli. Et Jacques donnera le sacrement des malades, le sacrement de la tendresse de Dieu, le médicament du Bon Dieu. Et Odile, aumônier aussi au CHU, visitera elle aussi ces deux femmes, et vivra un vrai temps d'amitié, de solidarité, et de proximité. Elle raconte :

« Lors de mon appel le lendemain matin, Jacques va m'expliquer bien simplement le moment qu'il a vécu la veille auprès de Nicole et ses proches : "Nous étions autour de Nicole inconsciente, avec son frère et son neveu. Ils m'ont demandé le sacrement des malades. Était également présente la compagne de Nicole qui est auprès d'elle jour et nuit depuis trois jours déjà. Elle était plutôt distante, voire un peu réticente à ma présence. Nous avons fini par vivre tous ensemble le sacrement des malades." Il m'invite à passer dans l'après-midi, comme nous le faisons si souvent auprès des personnes en fin de vie.

Jocelyne est auprès de Nicole. Je frappe à la porte et me présente : "Je suis Odile, aumônier à l'hôpital, me permettez-vous de rentrer ?" Elle hoche la tête, m'invite à me rendre près d'elle et auprès de son amie. Au bout de quelques instants Jocelyne commence à parler : "Je n'ai pas la foi, c'est de l'ordre de l'impossible pour moi, pourtant il m'est insupportable de penser qu'il n'y a rien après la mort. J'ai un ami croyant, quand il a perdu ses parents, du fait de sa croyance tout allait bien pour lui, moi, je n'arrive pas à croire. J'ai même écrit une thèse pour laquelle j'ai été très bien notée, ma conclusion était : Dieu n'existe pas."

Je lui parle de la justesse de cette question sur l'existence de Dieu, qui revient sans cesse et tout particulièrement dans les moments insupportables. Je lui demande comment elle a vécu le sacrement des malades. Elle me dit avoir été contre ce geste, puis elle l'a accepté afin de mettre de la paix entre elle et le frère de son amie. Aujourd'hui elle pense que de toutes les façons cela n'a pas pu lui faire de mal.

Je lui exprime combien je suis touchée de la voir rester là. Elle me parle de son amie. Je lui demande quel est le geste de tendresse le plus représentatif pour elle en ce moment, auprès de sa compagne qu'elle aime tant. Jocelyne pose sa main sur le visage de son amie, la caresse doucement, tout doucement, lui parle doucement. À un moment donné, choisi, elle me permet de l'accompagner en posant ma main sur la sienne délicatement.

L'infirmière, quelques instants plus tard, nous invite à sortir dans le couloir pour effectuer un soin, Jocelyne me parle de son grand-père qu'elle a tant aimé, qu'elle sent encore près d'elle, qui la réconforte à sa manière. Je lui évoque l'Évangile sur l'accompagnement du Christ alors que les compagnons d'Emmaüs sont si tristes, comment Il se rend présent et se fait reconnaître d'eux après l'évocation de sa mort.

Les soins sont terminés, Jocelyne va rentrer à nouveau dans la chambre. Nous pouvons nous quitter. Nous ne nous reverrons pas puisque Nicole décédera la nuit suivante. »

Une Église pour tous

Le malade soigné à l'hôpital est porteur de tout son passé : de ses blessures morales, de ses déceptions, de ses révoltes. À tort ou à raison il n'est pas rare qu'il ait eu à souffrir de l'Église par ses responsables et aussi par ses orientations éthiques.

Dans ces conflits peuvent être gommés le pardon, la miséricorde, la compréhension mutuelle et la complexité des situations. L'Église pour sa part doit se souvenir qu'elle n'est pas seulement « maîtresse de doctrine », mais signe parmi les hommes d'un Dieu proche de tous, quel que soit le chemin de vie si on veut bien le recevoir…

Notre équipe d'aumônerie n'a pas à classer, à juger les personnes. Elle les écoute, les accompagne pour qu'elles-mêmes prennent du recul, ne se sentent pas enfermées dans telle ou telle catégorie. Il est toujours possible d'améliorer notre relation avec Dieu, dont l'Église est servante. Le Seigneur ne rejette définitivement personne.

“ Un appel dans le couloir : « Madame, madame » ”

Dans un couloir du pavillon des personnes âgées, ce jour-là, j’entends : « Madame, madame ! » Une voix pleine de détresse. Je ne vois aucun soignant à proximité. C’est bien moi qui suis là et pas une autre qui est appelée. Dans cette chambre, une femme dans un fauteuil me dit : « Madame, madame je n’ai plus aucune nouvelle d’eux, c’est terrible ! »

A-t-elle la maladie d’Alzheimer ?

Me voici une nouvelle fois touchée par la solitude immense de cette personne. En ce jour la rencontre en reste là.

Quelques jours plus tard, je vais visiter cette dame, transférée dans une chambre seule. Les mêmes mots reviennent : « Je n’ai pas de nouvelles d’eux, c’est terrible ! »

Je sais que la réalité peut être toute différente. La mémoire n’imprime plus le temps vécu. Mais la souffrance est là dans une solitude sûrement insupportable. Comment la rejoindre tout de suite ?

Je prends sa main, la caresse. Elle s’accroche fort et me dit un flot de paroles qui n’ont aucun sens pour moi. Son ton, me semble-t-il, me dit : « Écoutez-moi, ne me laissez pas ». Je reprends certains de ses mots. Je lui confirme le plus doucement possible qu’effectivement le fait de ne pas avoir de nouvelles est bien difficile.

Une confiance semble s’établir, alors que rien ne semble l’apaiser. Cette tempête intérieure me bouscule. J’ai envie de lui chanter une berceuse et c’est le *Notre Père* qui me vient. Je lui dis : « Quand vous étiez petite fille et peut-être même plus tard dans votre vie de femme, vous avez sûrement entendu ces mots, cette prière. »

Je vois dans son attitude qu’elle semble s’installer autrement dans son fauteuil. Je la sens se lover, se laisser entourer par la douceur de cette main caressante sur son front, de cette voix, de ce *Notre Père* qui est là pour elle.

Tout est calme et paisible, pour elle, pour moi. Dans cette prière, c’est la **communion des cœurs** que je ressens. Cette femme sort de son repli et s’ouvre à ma présence.

Nous ouvrons ensemble et en même temps nos cœurs à Dieu. Ce Dieu invisible, accueillant au plus intime de nous-mêmes. Sa Présence et sa Tendresse sont une « divine douceur ».

Je sais que la souffrance va réapparaître ; c’est déjà le cas dès que nous cessons la prière. Les mêmes mots reviennent : « Je n’ai pas de nouvelles, c'est terrible ». Sa respiration s'est faite ample et paisible quelques instants. Je vais la quitter le plus doucement possible.

J'ai besoin d'un temps d'arrêt.

Les mots du psaume 130 me viennent aux lèvres, doucement, tout doucement :

« Garde mon âme dans la paix près de toi mon Dieu… Mon âme est en moi comme un enfant, comme un petit enfant contre sa mère. » Nos âmes ainsi se confient au Seigneur.

Je peux frapper à une nouvelle porte et vivre une nouvelle rencontre.

Isolement

La maladie d'Alzheimer, terrible maladie qui fait que le présent ne s'imprime plus, la mémoire défaille, les angoisses viennent en répétition. Quelle rencontre possible alors avec la personne qui souffre : comment faire contact entre ces deux mondes qui ne se rejoignent pas ?

Et pourtant dans le moment présent, dans l'apprivoisement de l'un par l'autre, peu à peu la rencontre des identités, impossible à faire, va laisser place à une rencontre cœur à cœur.

Ce qui semblait un lieu anonyme à Odile - une dame dans un fauteuil - devient lieu de l'intimité - une femme dans son fauteuil. Et l'aumônière rejoint cette femme dans sa souffrance en confirmant la ***lourdeur du ressenti :*** *« c'est terrible ». Et cette femme s'ouvre à la présence de l'autre, se laisse approcher par une inconnue, elle qui cherche ceux dont elle n'a pas de nouvelles. « Il n'est pas bon que l'homme soit seul, il faut que je lui fasse un secours qui lui soit comme son vis-à-vis »[1].*

Le Notre Père, celui qui nous relie, vient au travers de ces mots raviver une mémoire ancienne. Une mémoire de petite fille avec des paroles si souvent dites, des paroles qui disent la confiance. Parole qui nous fait Homme en face de notre Créateur, paroles qui font Église.

Les âmes sont confiées au Seigneur. Alors tranquillement l'aumônière s'en va et peut vivre une nouvelle rencontre.

1. Genèse 2, 18.

« Émeline, une jeune gabonaise »

Dimanche de Pâques à l'hôpital, nous allons comme d'habitude chercher les malades qui veulent assister à la messe. Aujourd'hui il y aura affluence. Une jeune femme arrive couchée dans un lit : nous ne l'attendions pas, ce sont les infirmiers qui la descendent de l'étage où elle est. Je lui demande son prénom : Émeline. Prénom qui tout de suite fait écho pour moi, c'est le prénom qu'aurait eu mon aîné s'il avait été de sexe féminin. Émeline confie tout de suite qu'elle a un cancer généralisé après un cancer du sein. Je me promets de repasser voir Émeline le lundi de Pâques. Cette jeune Gabonaise de vingt-neuf ans me touche, un peu plus jeune que mon fils, un peu plus âgée que ma fille, d'origine africaine comme mon autre fils, je la vois un peu comme ce cinquième enfant que je n'ai jamais eu, cette place libre dans ma famille. Mais cela, je le garde en moi, c'est mon histoire, j'en ai conscience. Néanmoins Émeline me touche et je serai ce lundi très attentif.

Émeline parle peu ce lundi de Pâques, elle a chaud, n'est pas bien, mais elle m'accueille. Je lui parle de cette messe de Pâques vécue hier, et très vite elle me coupe et me montre l'Évangile : c'est St Matthieu[2] dans l'épisode du figuier stérile. *« Apercevant un figuier près du chemin, il s'en approcha mais n'y trouva rien que des feuilles. Il lui dit alors : « Jamais plus tu ne porteras de fruit ! » et à l'instant même le figuier devint sec »*. Émeline veut guérir et souhaite que son cancer, qu'elle assimile au figuier stérile, soit desséché, et d'un geste me montre comme un arbre qui pousse de sa poitrine et monte vers le haut. Je l'écoute et reste sans voix. Le geste est significatif : elle est envahie, elle se sait condamnée, les médecins le lui ont dit ; elle attend un miracle. Bien maladroitement je la confie à Marie, comme à une maman. Je ne sais que trop bien que les médecins à ce stade ne se trompent pas. Émeline est seule, sa famille est au Gabon ; ce que je ne sais pas, c'est combien de temps il lui reste à vivre. C'est à Véronique, présente le lendemain mardi, que je confie Émeline. Et c'est Véronique qui restera tard le vendredi auprès d'Émeline, quelques heures avant son décès. Je ne la reverrai pas.

Samedi j'apprends le décès d'Émeline, et cela me touche. Elle voulait guérir et elle est partie si vite. Comment a-t-elle été accompagnée sur le chemin ? Pourquoi ? Quelle contradiction entre sa prière et la réalité ! Pourquoi désespérer tes enfants, Seigneur ?

Dans la nuit du dimanche un rêve me submerge : il montre mon propre père en fin de vie et moi à son chevet l'accompagnant dans l'impuissance jusqu'au sentiment d'étouffement qui me réveille. C'est à Émeline que je pense. Émeline que je n'ai pas pu accompagner comme je n'ai pas pu accompagner mon propre père qui est décédé brutalement sans prévenir,

2. Matthieu 21, 18-22

sans accompagnement, dix-neuf ans plus tôt. Mon père était prêt, il l'avait signifié à sa façon, il n'avait pas besoin d'accompagnement.

Comme tout cela me touche ! Ce dimanche de Pâques, à la messe, il y avait aussi Marie, l'Africaine que nous avions accueillie quelques mois et qui, depuis, nous considère comme ses parents. Elle a parlé à Émeline comme une grande sœur. Notre fille, la plus jeune, aussi était là. Et pour moi Émeline ici en France, sans famille, je voulais en prendre soin comme si c'était ma propre fille.

« Ce que vous demanderez dans la prière pleine de foi vous l'obtiendrez » nous dit Jésus dans cet Évangile qu'Émeline gardait dans son cœur. Quel sens pouvait prendre cette prière pour Émeline jeune convertie, fidèle et pleine de confiance ?

J'aurai voulu faire plus, donner plus. L'accompagner dans ce chemin vers une paix de l'âme. Cela ne m'a pas été permis, et sans doute ma présence auprès d'Émeline le lundi suffisait. Émeline avait sans doute fait son chemin de foi, et en venant à cette messe de Pâques préparé sa propre « résurrection » : cinq jours après le figuier était totalement desséché, le cancer mort, dans un corps mort, mais pour Émeline commençait une nouvelle vie auprès de celui en qui elle a mis sa foi et sa confiance. Oui, je crois que le Seigneur l'avait directement prise en charge.

Et quand l'heure des funérailles fut décidé je n'étais pas disponible : ce n'est plus ton histoire me semble dire le Seigneur, ta vie est ailleurs ; pour Émeline je m'en charge. Oui, vraiment, je crois que le Seigneur s'en charge.

Pour finir de me convaincre d'aller vers la vie, je reçois le lendemain un courriel d'un ami : une petite Émeline vient de naître, c'est sa fille arrivée à la vie ce lundi une semaine après le lundi de Pâques, trois jours après le décès d'Émeline, la jeune Gabonaise. Oui la vie est là, elle continue et le Seigneur y pourvoit.

Rencontre

Toute rencontre nous interpelle, nous renvoie à nous-mêmes, réveille nos souvenirs, bien inscrits en toute notre personne : corps et esprit. Nous ne pouvons pas rester de marbre.

Mais puisque nous sommes serviteurs, nous n'avons pas à prendre toute la place. Nous aidons la personne visitée à suivre son chemin. Nous l'accompagnons dans sa quête.

Et surtout nous laissons place à l'Esprit : « c'est lui qui vous enseignera toute chose. »

Et nous, nous poursuivons notre propre chemin, enrichi de cette expérience. Nos rencontres d'hôpital se situent dans ces carrefours s'ouvrant en diverses directions, avec d'autres compagnons de route.

“ L’Entrepreneur ”

Son nom était connu sur la place de Grenoble, et dans l’Église. L’aumônier en franchissant la porte de la chambre du malade doit abandonner tout classement, sociologique ou autre. L’appartenance à une « grande famille » ne préjuge pas de la foi personnelle.

L’homme impressionnait par son physique, le fait d’être allongé sur le lit paraissant encore grandir la taille. Tout dans son environnement le présentait comme organisé et cultivé : téléphone à portée de main, radio, journal spécialisé, livres. Il sentait la décontraction. Et l’épouse était là toute discrète, comme je l’ai souvent vu dans ce milieu.

Lorsqu’existe une notoriété la prise de contact se fait aisée, trop peut-être. Chacun égrène les connaissances mutuelles, sans certes aller bien loin. Chacun se jauge… Et l’aumônier est bien conscient qu’existent dans l’Église diverses sensibilités et engagements.

Très vite notre homme, en apparence bien en forme, avoue son impatience de sortir. Bon tempérament, il a bien su s’adapter à la « discipline hospitalière ». Son esprit est tourné vers son entreprise qui certes tourne en l’absence de son « patron ». Mais l’avenir se joue en la circonstance au présent. Les temps sont durs en cette période de crise économique. Cette petite entreprise a son créneau : réaliser des pièces uniques pour l’industrie de pointe. Les commandes vont-elles suivre ? Il faudrait sans doute poursuivre la sous-traitance dans d’autres directions ? L’absence ne doit pas faire rater des occasions précieuses.

L’aumônier, autrefois accompagnateur du MCC (Mouvement chrétien des cadres), écoute avec intérêt et sympathie la description de la situation. D’origine familiale ouvrière, il a bien dû abandonner, de par son ministère, certaines idées courtes sur l’entreprise et ses dirigeants. Et il s’aperçoit que cet homme, membre de l’EDC (Entrepreneurs et dirigeants chrétiens), porte le souci de se battre pour rendre son entreprise performante au plan humain et économique, et par là même chrétien.

La visite touche à sa fin. La proposition de la prière est accueillie volontiers par l’un et l’autre. Et l’aumônier conclut non seulement en bénissant le couple, la famille, mais aussi l’entreprise. C’est la première fois qu’une telle intention lui est venue à l’esprit. Et pourtant si Dieu s’intéresse à la vie des hommes, comment oublier de lui confier un tel lieu qui conditionne leur quotidien, leurs besoins vitaux ? Bien sûr, le regard bienveillant du Seigneur ne va pas résoudre tous les problèmes éventuels : salaires, représentation syndicale, respect des personnes ; et encore moins approuver toutes les décisions. L’Évangile s’incarne dans un monde en mouvement, encore inachevé.

À travers les « soins », l'hôpital accueille **toute la personne** et **la relance dans son quotidien,** y compris professionnel.

Surgissement

C'est la première fois que l'aumônier, prêtre, vient à bénir une entreprise. Il le vit comme bénir les femmes et les hommes de cette entreprise dans leur quotidien. Et au travers de cet homme malade, chef d'entreprise, il voit la fragilité de l'entreprise et l'engagement de son responsable. C'est lui l'aumônier dont le regard change et voit au-delà des apparences du conformisme social. L'hôpital et la maladie mettent à nu ceux qui y séjournent. Et en même temps mettent à nu ceux qui visitent. Mis à nu dans leur vérité. Mis à nu dans un travail de profondeur. Cette mise à nu est vécue dans la conscience, la liberté et la joie de cet ***accès au plus intime de l'être.*** *Elle permet des gestes inédits ou mal vus que l'on s'interdisait. Bénir une entreprise, est-ce bien raisonnable, cela a-t-il du sens, cela ne va-t-il pas engendrer des sourires ironiques ? Et pourtant dans sa liberté, au fond de sa conscience du moment et avec l'engagement de toute sa personne, l'aumônier va bénir l'entreprise. Se surprenant lui-même de tant d'audace aux yeux de ses fonctionnements habituels. Pleinement engagé dans son geste, rendant Dieu totalement présent à cet instant. Frère avec ce chef d'entreprise soucieux de son entreprise et de ses salariés autant que de sa santé.*

Bénir, est-ce magique ?

« Et moi, au nom du Seigneur, je vous bénis au nom du Père, du Fils et du Saint-Esprit. »

« Que le Seigneur bénisse votre entreprise et ceux qui y travaillent. »

Mais qu'est-ce, au juste, que ces paroles de bénédiction ? Quelques mots plaqués, de l'ordre d'un sortilège ? Une formule magique qui protégerait du malheur ? Il y aurait alors, d'un côté, ceux qui ont été bénis et sont définitivement à l'abri du drame, et de l'autre côté, les autres ?

La bénédiction existe à travers l'histoire et dans toutes religions.

La bénédiction n'est de l'ordre ni du magique, ni du privilège.

La bénédiction prend racine dans la joie créatrice du Dieu vivant, qui ne cesse de proclamer à chaque homme, chaque femme, chaque enfant, à l'humanité entière : « Sois vivant ! Soyez des vivants ! Tu es mon enfant bien aimé en qui je mets ma confiance ! » Être béni de Dieu, c'est recevoir son élan de vie et de fécondité, c'est sentir son regard aimant, encourageant qui nous assure que tel que nous sommes, Il nous aime et nous désire heureux.

« Il y a dans l'acte positif et délibéré de la bénédiction, une imitation de l'acte créateur, originel, il y a comme une irradiation de tendresse pour les êtres auxquels elle s'adresse, comme une confirmation de ce qu'ils sont, de ce qu'ils ont à être, comme un encouragement à aller de l'avant, de façon responsable et libre. »[3]

Bénir quelqu'un, bénir une entreprise, c'est leur vouloir du bien, c'est le confier au mouvement ô combien mystérieux et généreux de la Vie.

© Guy Moraillon

3. Sœur Anne-Marie Bernard, O.P.

“ Fleur en séjour psychiatrique ”

Fleur a vingt-sept ans. C’est une jeune femme aux yeux noirs, au regard pénétrant ; elle a souvent ses longs cheveux bruns détachés.

Fleur a déjà été plusieurs fois hospitalisée en milieu psychiatrique : elle souffre de crises d’angoisses. Elle est ici depuis cinq mois.

Fleur a demandé, il y a plusieurs mois déjà, à être baptisée et elle poursuit ce chemin.

Lorsque je rentre dans sa chambre, ce qui me frappe tout de suite, ce sont ses peintures accrochées au mur : toutes ont au moins un cœur, une fleur, une note de musique ou un instrument, toutes sont jaunes, oranges et noires.

Je suis émerveillée de ce débordement de vie, de la capacité de Fleur à exprimer ce qui est lumineux en elle.

Fleur a tissé des liens avec plusieurs patients et soignants : ainsi, un dessin d’elle exposé dans une chambre : « C’est Fleur qui me l’a donnée un jour où j’avais pas l’moral », des bonbons donnés à l’un, à l’autre : « Vous allez voir Mme G. ? Vous pouvez lui donner ça de ma part ? Elle n’est pas bien en ce moment… », une sculpture, travaillée en ergothérapie, presque terminée pour Thomas, un aide-soignant qui a fêté ses cinquante ans.

Il me vient à l’esprit cette phrase du père Ch. Théobald : « Dieu ne porte ses fruits que par contagion relationnelle » (Une nouvelle chance pour l’Évangile, vers une pastorale d’engendrement, éditions de l’Atelier) et je ressens fort le sens de cette phrase en pensant à la **générosité** et au **désir de donner** de Fleur.

Cet après-midi, quand Geneviève et moi entrons dans sa chambre, nous voyons tout de suite qu’elle ne va pas bien. Assise en tailleur sur son lit, elle n’irradie pas cette joie de la rencontre qui est là d’habitude. Fleur nous accueille d’un sourire triste, et avec un regard las et douloureux.

En marchant vers l’unité de psychiatrie cet après-midi-là, nous nous demandions comment allions-nous trouver Fleur : elle avait laissé deux messages sur le répondeur de l’aumônerie, symptôme d’une montée d’angoisse. Les crises d’angoisse de Fleur, périodiques, l’empêchent d’être autonome, de prendre le tram seule, d’affronter le monde, le regard de l’inconnu. Dans ces moments de crise, tout la terrifie, elle ne peut rien faire.

Geneviève et moi cherchons la chaise unique de sa chambre et la partageons pour avoir nos regards face au sien.

« Je ne m’en sortirai jamais ; même avec le traitement, je rechute à chaque fois ». Sa tristesse est immense ; les larmes coulent, ses mains cachent son visage abaissé. Pèse dans la chambre un sentiment d'impuissance et de désolation.

Nous nous cognons, malgré nous, dans notre sentiment d'impuissance.

La compassion, l'empathie, nous mènent dans ce que vit l'autre sans s'y engouffrer totalement.

« Vois, je mets devant toi la vie et la mort, choisis la vie »[4]. Oui, mais comment ?

Que faire, que dire… Seigneur, comment t'aider ici et maintenant ?

Oui, comment t'aider ? Et non pas aide-moi, aide-nous Seigneur. Nous ne sommes pas les premiers, les maîtres de l'événement ; c'est toi Seigneur, le premier, nous sommes serviteurs, ouvriers pour travailler à ta vigne, tes collaborateurs pour manifester ta tendresse et ta confiance en l'homme.

Ce « comment t'aider ici et maintenant » renvoie à mettre en œuvre tout ce que je suis, tout ce que je peux, pour que s'entrouvre un chemin de vie, mais c'est toi qui es à l'œuvre en premier.

Ce « comment t'aider » est libérant, garant de ne pas être dans la maîtrise, dans la toute-puissance.

Silence.

Puis, il y a la main tendue de Fleur que Geneviève prend doucement ; il y a Geneviève qui se lève, s'approche de Fleur ; il y a la lecture de ce psaume qui surgit : « Seigneur, je n'ai pas le cœur fier ni le regard ambitieux… mon âme est en moi comme un enfant… ».

Fleur se penche et Geneviève l'entoure de son bras : « On peut faire ça avec un aumônier ? » et Fleur éclate en sanglot.

Débordement de larmes, comme un torrent qui coule pour entraîner, chasser la désespérance, sortir de l'impasse, et laisser place à l'instant présent, pétri d'amour bienveillant et de consolation.

Attitude bienfaitrice que ce trop-plein qui jaillit, qui craque, défaisant les nœuds… pour qu'un autre mouvement de vie émerge.

Je n'ai pas fait un geste, pas prononcé un mot. Je suis là autorisant sans doute par ma seule présence cette rencontre par laquelle Fleur, peut-être, aura eu la possibilité d'inscrire dans son corps, cette **expérience de confiance** en Dieu.

Fleur tend la main dans ma direction et je la prends. Main tendue, pour ne pas se refermer sur cet instant mais l'ouvrir et le partager. Irruption de la vie.

---

4. Deutéronome 30,15-19

Ces quelques secondes ou minutes ont un parfum d'une tendresse inouïe, comme suspendues hors du temps.

En pensant à Fleur, je ne peux pas m'empêcher de penser à Marie-Madeleine : Marie-Madeleine qui caresse les pieds de Jésus avec ses cheveux, avec ses larmes, dans la douceur du geste et dans son immense besoin d'être aimée et accueillie.

Présence

Présence apparemment silencieuse... En réalité c'est tout notre corps par son attitude, par ses gestes, qui parle, autrement que par des mots.

Certes Jésus a tenu des discours durant sa vie publique. Mais il s'est tu toute une partie de sa vie. Couché dans la mangeoire de la crèche de Bethléem, Jésus nous dévoile le grand mystère d'un Dieu « Tout puissant » devenu enfant. Jésus est resté silencieux sur sa mission environ trente ans à Nazareth, considéré comme le fils du charpentier. Pendant sa passion il choisit de se taire : « Jesus antem tacebat »

*Les mots précipités, sous prétexte inconscient de sauver la face, peuvent briser la relation, renvoyer notre interlocuteur à sa solitude. Nos mots pour viser juste ont besoin **d'émaner d'un cœur et d'une intelligence rejoignant l'autre.***

© Timothée Boisseau

“ Remplacer l’aumônier musulman ”

Nous sommes un dimanche après-midi. Mon portable sonne, je suis d’astreinte et c’est l’hôpital.

« Bonjour, Mme M., cadre en gérontologie au pavillon E. Serait-il possible de joindre un imam ? Un de nos patients, M. S., vient de décéder. Son épouse est à ses côtés, ainsi que ses deux filles. C’est une famille musulmane croyante et pratiquante. Elles aimeraient qu’un imam vienne pour prier. C’est urgent… nous ne pouvons pas garder le corps très longtemps dans le service… »

Je donne les coordonnées de Mustapha, l’aumônier musulman qui travaille à l’hôpital, tout en précisant à l’infirmière que celui-ci n’est pas imam.

L’échange a duré quelques minutes. Je ne sais rien du monsieur qui vient de mourir, rien de sa famille.

Une demi-heure après, mon téléphone vibre encore. C’est à nouveau Mme M.. « Je suis désolée de vous rappeler. Monsieur O. ne répond pas. Et la famille a vraiment besoin d’un temps de prière. Vous ne connaîtriez pas une autre personne de l’aumônerie musulmane ? » Non, nous ne connaissons que Mustapha avec qui nous avons de très bonnes relations fraternelles, chaleureuses et confiantes. Je perçois le souci de l’infirmière et son désir de répondre au besoin légitime de cette épouse et de ses filles. Je propose alors : « Si vous voulez, et dans la mesure où la famille en est d’accord, je peux venir. Je peux me rendre auprès de ce monsieur et de ses proches. Je peux prier comme je sais le faire dans la tradition catholique. Je ne peux pas guider une prière musulmane mais je peux être là, et conduire un temps de prière et de bénédiction. Peut-être pouvez-vous proposer cela à Mme S. et à ses filles ? » L’infirmière laisse le téléphone et revient un moment plus tard. « Elles sont d’accord. Je vous remercie. »

Voilà, nous avons raccroché et je réalise un tout petit peu l’inattendu de cet appel, de cette demande, et de ma réponse.

En route vers l’hôpital, je pense à ce qui m’attend sans le savoir vraiment. Me vient que ces femmes que je vais rencontrer sont dans la peine, le deuil. Me vient qu’elles sont d’une grande tolérance, d’une confiance profonde. Je repense à ce que m’a dit l’infirmière : « Elles ont beaucoup de dignité ces trois femmes, vous allez voir » ; et l’épouse de M. S. a eu une parole très belle ; elle a dit : « Ce que nous désirons, c’est une personne de foi et de prière, pour qu’elle apporte la paix à mon mari. »

Je ne suis pas certaine que s’il s’était agi de demander à un croyant musulman de venir prier et bénir mon mari ou mon père défunt, j’aurais répondu oui.

Cette ouverture me touche profondément.

Comme nous avons à gagner à nous approcher de l'autre, à oser nous rencontrer au-delà de nos différences !

Je suis en paix et en même temps, je me sens pleine d'appréhension : ne pas choquer, ne pas blesser, essayer de réconforter. Il y a déjà la peine, la mort, la séparation, l'amputation. Mon Dieu, ne pas blesser, être juste à sa place, aumônier, femme de prière, mais aussi une femme parmi d'autres femmes, une femme présente à une famille dans la peine et qui désire prier.

Seigneur, que nous ne soyons pas des étrangers mais des frères.

Que ce temps à vivre maintenant soit un temps de grâce et de paix.

Je prends le temps d'appeler Mustapha, et sur son répondeur, je lui dis que mes pas me conduisent vers ses sœurs dans la foi, comme il dit, et vers son frère défunt. Et que je vais faire de mon mieux.

Quand j'arrive dans le service, l'infirmière est là, me conduit jusqu'à la porte, me remercie.

Et je crois que c'est la femme plus que l'aumônier qui a tendu la main vers l'épouse et vers ses filles.

Et je crois que c'est la femme plus que l'aumônier qui a souri, et rencontré ces visages dignes et dans la peine.

Nous formons un corps autour de ce corps sans vie au visage paisible. Un corps croyant, uni, priant.

Le temps que nous vivrons ensemble sera d'une **grande fraternité,** dans un **profond respect** de nos croyances et de nos traditions. S'alterneront silences et paroles, prière du *Notre Père* que je proclamerai seule, et des versets de paix du Coran énoncés et priés par l'épouse et ses deux filles. Je réciterai le *Je vous salue Marie* à la demande de Mme S. qui me fait comprendre que Myriam a une grande place dans la foi musulmane. Et je bénirai, au nom du Dieu qui aime l'Homme, le corps de M. S. afin qu'il repose en paix.

Je repars de cette chambre émue, élargie et en paix.

Aumônier musulman ou catholique, c'est d'abord être proche de celui qui souffre

C'est une aumônière catholique qui était là et ce qu'elle a fait envers cette personne morte, c'est le geste qui représente le degré d'humanité de chacun de nous, membres de l'aumônerie. Chacun de nous a accompagné une personne malade ou mourante ou une famille, sans regarder sa confession ni sa spiritualité. Notre présence à l'hôpital est humaine avant d'être reli-

gieuse, nous sommes là pour aider l'autre, et c'est ce qui fait la spécificité de nos équipes qui interviennent jour et nuit dans les milieux hospitaliers. Nous sommes descendants des mêmes père et mère (Adam et Ève). Nous sommes tous des frères et sœurs. Le grand mystique andalou Ibn Arabi a dit : « Avant ce jour, j'ignorai mon ami qui n'est pas croyant à la même religion que moi, mais mon cœur devient capable de toute image : il est prairie pour les gazelles, couvent pour les moines, temple pour les idoles, Mecque pour les pèlerins, Tablettes de la Torah et Livre du Coran. Je suis[5] *la religion de l'Amour ; partout où se dirigent ses montures, l'Amour est ma religion et ma foi »*[6]*. Monseigneur Barbarin, Primat des Gaules, un jour a témoigné avoir appris la chahâda (la profession de foi de l'Islam) « Il n'y a pas d'autre Dieu qu'Allah, et Mohamed son prophète » pour aider les musulmans en fin de vie qu'il rencontrait à la dire. Puisque c'est important pour un musulman de la dire, alors il se fait frère pour permettre ou rappeler à ce frère musulman de prononcer ces paroles qui sont au cœur de sa foi. Ainsi le chrétien accompagne ses frères tout en gardant ses convictions et sa propre confession de foi.*

Nous sommes tous frères, et si nous sommes différents c'est que Dieu l'a voulu : « Si Dieu l'avait voulu Il aurait fait de vous une seule communauté »[7]*. Il faut vivre avec l'autre en harmonie, avec ses différences : toutes les religions insistent sur l'amour du prochain. Il faut garder à l'esprit que la personne mourante est un vivant, et que, un jour ou l'autre, ce sera notre tour à tous car toute âme doit goûter la mort.*

Je remercie toutes les équipes de l'aumônerie, et les bénévoles qui les aident, discrètement mais utilement. À bientôt, votre frère et collègue,

Mustapha

5. Du verbe suivre

6.Ibn 'Arabî, *L'interprète des Désirs*, traduction en français par Maurice Gloton, Albin Michel, 2012.

7. Coran 42,8

“ Une bougie pour dire Adieu à son papa ”

Nous sommes le 2 janvier. La nouvelle année vient à peine de commencer. Anne me laisse un message sur mon portable.

Dit tout doucement et avec beaucoup de délicatesse, j’entends : « C’est pour mercredi matin, une célébration, un monsieur âgé de cinquante-deux ans. Il s’agit de monsieur Jacques F., voici les coordonnées de sa sœur ».

Je prends un peu de temps. En marchant, sur mon chemin de retour chez moi, je sens cette demande qui s’installe, ces mots résonnent en moi : « Ce monsieur a cinquante-deux ans », « C’est tôt, bien trop tôt », « Ce Jacques, il était plus jeune que moi ! ».

Quelle était sa situation familiale ? Je n’en sais rien. Comment est survenue sa mort ? Bien des questions se posent tout à coup.

Pour prendre contact avec sa famille, je m’installe dans un lieu sans bruit, isolée de ma famille. Au bout du fil, le répondeur de Martine, la sœur de Jacques, m’invite à déposer un message. Après un mot, je laisse mes coordonnées et, très vite, mon portable sonne.

Rendez-vous est pris pour le lundi, et, dans la foulée, Martine s’engouffre dans cette possibilité d’être écoutée immédiatement.

Martine pleure beaucoup, me parle de la mort soudaine de Jacques : une crise cardiaque, le premier janvier ! Jacques laisse une petite fille de six ans : Angélique. Angélique était très proche de son papa. Angélique ne sait pas encore que son papa est mort.

Cette mort, encore non annoncée, me touche fort. Je ressens l’importance de dire à cette petite fille la vérité, mais aussi combien pour sa maman ce doit être difficile, voire violent, d’encaisser le choc de la mort de son mari tout en se préparant à l’annoncer à son enfant. Comment trouver les mots, pour dire à sa petite fille ce qui est insupportable : la mort de son papa, lui qui jouait avec elle, la câlinait quelques minutes avant. C’est une si petite fille…

Lorsque l’échange se termine commence pour moi la préparation de ce temps à vivre.

Le dimanche, à la messe, je me sens entourée par la communauté d’Église que je connais bien, j’entends la Parole, suivie d’une homélie qui me nourrit. La mise en forme d’une parole ouvre la mienne. Et le prêtre à ma demande me confiera son texte.

Je ne peux oublier cette petite fille. Elle me rejoint si fort.

En effet j'avais senti, au même âge qu'Angélique, que ma maman était malade. Le cancer dont elle souffrait était grave au point de la menacer d'une mort possible.

Peu de parole, en tout cas je ne m'en souviens pas, ou pas de parole du tout de la part de mes parents, sûrement pour protéger cette petite fille que j'étais. Empreinte, mémoire vive de ce moment, de cette mort possible, des impacts sur l'histoire de notre famille.

À cette place d'aumônier, aujourd'hui, tout près d'une toute petite fille touchée par la mort brutale de son père, ressurgit tout à coup une béance. Avec cela, **je peux être présente, ouvrir un espace à l'autre,** à ces autres.

Lundi matin, la neige tombe sans arrêt. Les déplacements sont difficiles. Le rendez-vous est repoussé à l'après-midi. Je suis sensible à cette nouvelle difficulté. Je me sens pleinement investie, habitée par leur histoire. À 14h, Martine arrive. Elle est seule, s'assoit, parle, pleure, parle sans s'arrêter, me dit comment Angélique a reçu l'annonce de la mort de son papa. « Angélique est une enfant très éveillée » me dit-elle. Comme elle a été étonnée par son comportement.

Puis la porte s'ouvre. Une jeune femme entre, c'est Valérie la femme de Jacques. Martine désire parler encore de Jacques. Valérie accepte et s'installe. Martine parle, parle encore puis se tait.

Un silence s'installe. Nous écoutons ensemble ce silence. Valérie parle à son tour.

Nous échangerons pendant presque trois heures. Valérie parle de leur rencontre, de leur amour, de leurs peurs, de leurs désirs, de leurs instants de vie, de la différence d'âge, des grandes décisions prises en couple, suite à leur difficulté d'avoir un enfant.

Quand Jacques a été terrassé par la crise cardiaque, Valérie avait senti tout de suite qu'il se passait quelque chose de grave pour Jacques. Elle a pu éloigner Angélique. Valérie revit, revisite tous ces instants. Qu'est ce qui lui permet de tenir debout dans cette tragédie qui détruit une part de sa vie ? Alors se posent les questions essentielles. Quelle était la foi de Jacques ? La présence de Dieu dans sa vie ? D'où vient cette demande de funérailles religieuses ?

Valérie me dit : « Petite, j'ai vu ma grand-mère dans un cercueil, c'est la seule fois où j'ai vu un mort »

Ici, maintenant c'est son mari ! Elle exprime sa crainte qu'Angélique soit présente mercredi. Comment va-t-elle réagir ? Question difficile. Ensemble, avec Valérie, avec Martine, nous prenons du temps. À petits pas, nous construisons la célébration. Nous choisissons la Parole, les gestes à poser, les silences possibles. C'est comme un tricot, une maille à l'endroit, une maille à l'envers. Nous convenons de nous joindre à nouveau le lendemain par téléphone. Ce temps qui avance pas à pas permet bien souvent de sentir le cheminement des familles : comment la parole a circulé, quels témoignages possibles pour le temps de la cérémonie… Comment se vit ce temps encore si proche de la séparation.

Pour terminer je propose deux livres d'enfant sur le deuil. Offre acceptée, puis Martine nous quitte et Valérie me parle dans l'intimité. C'est comme un instant d'éternité. Mes bras entourent, mes lèvres embrassent Valérie avec tendresse. Et en même temps je confie Valérie au Seigneur.

Les heures qui me séparent de la célébration mercredi sont pénibles. Je dépose cela auprès de l'équipe dans un temps de supervision et je réalise combien la présence ou non d'Angélique, cette petite fille, m'interpelle.

Mercredi je m'appuie sur l'accueil chaleureux de Thierry, de la chambre funéraire, sur la présence des pompes funèbres, des personnes qui se mettent eux aussi dans les pas de cette famille, sur la fraternité et la communion par la prière des membres de notre équipe d'aumônerie. Tout cela me permet d'**être pleinement présente.**

Angélique, au dernier moment, a choisi de ne pas venir, mais a demandé à sa maman de déposer son dessin : une bougie en forme de bonhomme de neige qui sourit, confiée à sa maman et déposée tout près de son papa, dès le début de la célébration. Je vois Valérie, cette jeune femme qui me semble épuisée, et qui accepte que je l'embrasse. Je vois cette assemblée bien présente, constituée de personnes jeunes. Chacun repart dans la vie après avoir accompagné jusqu'au bout Jacques, sans oublier combien Valérie et Angélique vont avoir besoin de leur présence.

La journée continue pour moi au rythme des rencontres. Angélique ne me quitte pas, je la tiens par la main, doucement, encore et encore.

Le lendemain, je pars marcher en montagne, faire un pas après l'autre et atteindre un sommet.

Ma prière continue, doucement.

Une intention toute particulière, pour Jacques, sera partagée pendant notre messe dominicale.

Présence, cœur à cœur, prière

Quel temps particulier pour un aumônier d'accompagner la détresse après le choc d'un décès imprévisible, incompréhensible, injuste.

Alors l'aumônier se met dans les pas de la famille, de l'épouse, de la sœur, de la fille. Ses propres émotions affleurent, elles permettent de se sentir proche et en même temps en les laissant à leur juste place, à distance, elles ne font pas obstacle à la rencontre. Combien ce pas à pas est lent, au rythme de chacun et combien chaque jour qui passe permet **à chacun de trouver sa place.** *C'est lourd pour la famille. C'est lourd pour l'aumônière, tellement le souci est grand de s'ajuster, tellement l'émotion est là comme Jésus auprès des sœurs de Lazare, son ami.* ***S'ajuster*** *pour servir, s'ajuster pour que la vie se dise, la vie circule, pour qu'elle renaisse et continue après ce séisme. S'ajuster au plus fragile, s'ajuster à cette petite fille que l'aumônière ne verra pas mais qui sera au centre de la vie. Elle dont la vie vient de Jacques. Au cœur de l'hiver son papa est parti, comme le bonhomme de neige du dessin. C'est une lumière qui restera, comme celle de la bougie. Qu'elle éclaire cette petite fille.*

Dans ces moments de profonde solidarité humaine, c'est tout le monde qui aide et qui fait circuler l'amour. L'équipe d'aumônerie, le personnel de la chambre funéraire, le personnel des pompes funèbres, et pour l'aumônière, la confiance en Dieu, et la prière.

Et il faut refaire des forces : ce sera la montagne pour l'aumônière. Ce sera aussi le dimanche pour confier une dernière fois Jacques.

© Gérard Naveau

“ Auprès des tout petits ”

Nous sommes mardi matin. Régulièrement, nous nous réunissons en équipe de permanents. Temps d'échange, d'informations, de réflexions, de décisions prises en commun. Nous partageons ce qui a été vécu au cours de la semaine et nous prions ensemble. Dimanche, Anne a rencontré un jeune couple et elle a écouté leur demande : baptiser leur petit bébé Benoît.

Cet après-midi, Pierre, prêtre dans notre équipe, et Anne vont vivre ce temps de baptême. Le baptême du tout-petit, au sein de l'hôpital, nous dit l'urgence de la situation. Aujourd'hui, le papa et la maman de Benoît nous semblent bien silencieux. Une maladie, qui peut être grave, est pressentie pour leur petit enfant. Ils le confient à Dieu.

Deux jours plus tard, je vais à petits pas à la rencontre des jeunes parents. Une puéricultrice s'occupe de Benoît ; ainsi je sais que Séverine et Patrick sont auprès de leur petit bébé. Doucement, je frappe, Patrick entrouvre la porte ; Séverine tient son enfant tout près d'elle, installée dans l'unique fauteuil de la chambre. Seul un simple bonjour est possible aujourd'hui.

Au fil des jours, en alternance avec Anne, je rends visite à Benoît. Soit en remettant un message à la puéricultrice en l'absence de ses parents, soit en échangeant quelques mots avec Séverine et Patrick. Temps d'apprivoisement, temps de discrétion autour de ce qui se vit pour le petit Benoît. Les parents vivent au rythme des nouvelles de la santé de leur petit bébé. Sa vie est si fragile. La traversée du désert est là pour ces jeunes parents et nous en sommes les témoins discrets. « On ne voit bien qu'avec le cœur » dit le renard au petit prince d'Antoine de Saint-Exupéry.

Ce mercredi, Patrick est seul avec Benoît. Je frappe à la porte et l'ouvre délicatement. Patrick me sourit et je sens alors une invitation à entrer dans la chambre : Benoît est dans ses bras. Petit garçon vigoureux, il se tortille un peu, d'un côté et de l'autre. C'est un petit bébé tout rond, sans problème respiratoire, donc sans machine pour l'assister.

Benoît se met à pleurer fort ; je suis un peu surprise. Nous entendons rarement la voix des bébés dans ce service !

Patrick, avec son tout petit dans les bras, me confie : « Que veut-il me dire ? » Nous échangeons tout simplement quelques paroles. Patrick me dévoile une petite part de leur histoire : « Il nous a été difficile d'avoir des enfants ; maintenant, nous sommes un peu âgés pour Benoît et Sarah, sa sœur qui a deux ans. » Il me parle de la situation actuelle, de leur inquiétude et aussi de leur espoir dans l'avenir. Il sent combien la situation est douloureuse pour sa femme Séverine. Il leur est difficile d'en parler à deux.

Les médecins ont décelé à la naissance une hypotonie chez Benoît. Ils cherchent et ne comprennent pas la cause.

Maintenant Patrick me dit : « Benoît commence à bouger différemment, il étonne tout le monde. » Les soignants ne savent qu'en penser et ne peuvent se prononcer. Petit à petit, le plus grave semble peut-être s'éloigner. Patrick croit vraiment à cette amélioration possible, il la sent.

Je suis touchée par notre intimité. Nous sommes bien, ensemble, avec son petit bébé qui ne cesse de pleurer. Patrick décide de le coucher et me dit : « Benoît est peut-être fatigué ». Penché sur son berceau, Patrick me demande si j'ai des enfants et je lui réponds que j'en ai trois, qui sont grands maintenant. Je propose d'entourer Benoît par une prière douce, comme le ferait une berceuse.

Voici qu'à deux voix, homme, femme, ensemble, nous disons le *Notre Père* et nous chantons le *Je vous salue Marie* pour ce tout petit pleurant. Benoît s'arrête instantanément de pleurer ! Il a les yeux grands ouverts ! Tout semble s'apaiser, tout est doux, de l'ordre d'une immense tendresse : « comme un souffle fragile. » Un temps d'éternité.

Sitôt le chant terminé, Benoît crie à nouveau. Son papa reprend sa position d'homme réservé. Je sens qu'il est temps de me retirer ; j'entends cette toute dernière parole prononcée par Patrick : « Vous reviendrez ? » Je sors de cette chambre un peu étonnée par l'intensité du moment vécu, si simple pourtant. Mon cœur d'aumônier est dilaté par une joie toute douce. Le *Notre Père* revient sur mes lèvres tranquillement.

Je quitte le service de néonatalogie en portant dans mon cœur et par ma prière tous les autres petits bébés et leurs parents non visités. Dans les jours qui suivent, Benoît va progresser, étonner les médecins. Le mystère de la vie reste tout entier. Benoît, au bout de quelques semaines, accompagné par sa maman et son papa, sort du service de néonatalogie pour rejoindre Sarah sa grande sœur dans leur maison.

Notre compagnonnage en restera là. Comme une porte, qui se referme lentement pour Benoît sur le monde de l'hôpital, de la néonatalogie, et qui s'ouvre sur un autre lieu de vie. Dieu est avec lui.

Intensité de l'instant, si simple pourtant

Lorsque l'aumônier frappe à une porte parce qu'il a été appelé, il arrive bien souvent dans une terre inconnue. Quand cette porte est celle d'une chambre d'une unité de néonat, il sait alors au moins une chose : il pénètre dans une sphère d'une immense fragilité, où les maîtres mots sont ***délicatesse*** *et* ***infini respect.*** *Qui sera derrière la porte ? Un papa envahi d'incer-*

titudes ? Une maman au regard inquiet et en attente d'assurance médicale et de réconfort humain et peut-être divin ? Un bébé bien pâle à la respiration faible, relié à une machine ?

Terre inconnue où l'aumônier arrive les mains nues, décentré de lui-même pour s'approcher de celui qui l'attend. Il a sa présence à offrir, sa bienveillance, sa disponibilité, son discernement pour être ambassadeur de la tendresse humaine.

Quand Moïse s'approcha du buisson ardent, il entendit une voix : « Retire les sandales de tes pieds car la terre que tu foules est une terre sacrée »[8]. Il y a de ça dans cette visite : un immense respect, car l'aumônier s'avance dans une histoire humaine, dans une histoire sacrée. Odile met son être au service de la rencontre, auprès de ces parents avec qui un lien s'est peu à peu tissé, ayant pour seul objectif que se répande un parfum de vie et qu'il soit, si possible, perceptible.

Et ce jour-là, la confiance du papa sera pleine et il partagera un peu de sa vie et de ses lourdeurs, un peu de ses joies et espérances. Et de cette confiance naîtra un temps d'intimité bon pour chacun, et un temps de communion et de prière. Et l'aumônier sentira aussi le temps de se retirer et de refermer la porte, le cœur en joie.

Intensité du moment vécu, si simple pourtant.

8. Exode 3, 5

“ Les funérailles d’un homme exemplaire ”

Mardi 29 décembre, en fin d’après-midi, ce sont les pompes funèbres qui appellent pour les funérailles d’un homme d’origine étrangère, funérailles programmées le 2 janvier matin.

L’homme a quatre-vingts ans et j’imagine une cérémonie ordinaire pour un jour bien calme de début d’année. Or cet homme était un « Saint ».

Quand je rencontre sa femme, une petite femme Vietnamienne, je suis impressionné par la prestance de cette femme, sa simplicité, sa dignité. Peu à peu elle me parle de son mari, et je suis bouleversé par la vie de cet homme, décédé le jour de Noël. Parti rejoindre Marie et Jésus qu’il a vénéré à la fin de sa vie, lui qui avait été élevé dans la tradition de Confucius dans une société à la culture Bouddhiste.

Il est parti, mort dans l’ambulance qui l’emmenait au CHU, sans que ses proches puissent l’accompagner, ce qui aurait été si important dans la tradition bouddhiste. Alors son chemin il l’a fait seul, seul en présence de Marie et Jésus. Il n’était pas baptisé, mais c’était un enfant de Dieu, il connaissait Dieu, et pour nous chrétiens c’est un frère de lumière.

C’est aussi cela l’hôpital, accompagner jusqu’au bout ceux qui sont décédés, accompagner leur famille. En ce jour de funérailles nous avons célébré Noël, célébré la paix, célébré la tendresse, célébré la naissance, célébré le baptême pour la vie.

Célébrer un « Saint », quel honneur. Ce jour-là c’est lui qui nous portait tous, cet homme que nous accompagnions. Et avec lui l’enfant Jésus nous invitait à la **pureté du cœur.** Une cérémonie pleine de dignité, de reconnaissance et de beauté. Ce fut mon cadeau de début d’année et pour vous, voici quelques paroles dites pendant cette célébration.

> « Monsieur D., quand nous avons préparé ce temps avec votre femme, et votre fils, et qu’ils m’ont parlé de vous, j’ai entendu que vous aviez un grand idéal d’humanité, et, ce qui force le respect, c’est que cet idéal vous avez cherché à le vivre pleinement. La vie avait fait de vous un privilégié au Viet Nam, votre pays. Vous en aviez pleinement conscience et ce privilège vous l’avez pleinement partagé au service de la jeunesse comme ministre, puis comme directeur de l’école de la marine. Mais, plus encore, vous avez partagé vos biens, venant au secours des plus démunis. Et dans l’Évangile nous pouvons lire, « Ce que vous avez fait à l’un de ces petits, c’est à moi que vous l’avez fait ». Vous vous êtes conduit en homme responsable, et quand le communisme est arrivé vous avez dû fuir votre pays. Vous êtes arrivé en France sans argent : votre fortune, vous l’aviez distribuée, et là, à l’aide de la solidarité de votre

famille, déjà présente en France, et d'amis, vous avez pu être accueilli. Tout de suite vous vous êtes remis au travail, acceptant des missions loin des vôtres. Et c'est dans un village de Provence, à T., que vous vous êtes installé et vous y étiez respecté. Vous y étiez bien. Il ressemblait à votre village natal.

Vous étiez quelqu'un qui savait bien raisonner et en même temps, peu à peu, vous avez laissé la place à votre intuition, et fait un chemin avec la Bible : vous aimiez cette parole où il est dit que les mots ne suffisent pas pour exprimer l'Amour de Dieu. Et que le cœur doit s'ouvrir au-delà de sa propre raison. Vous aviez une dévotion particulière pour Marie. Elle évoquait la tendresse et le courage d'une mère au pied de la croix.

Ces dernières années vous les avez passées à Grenoble, pour vous rapprocher de vos enfants, vous étiez fatigué et avez dû être hospitalisé, mais ce 25 décembre, quand votre cœur a lâché, ce n'était pas attendu. Vous étiez dans l'ambulance, seul, comme pour nous dire que le moment de la mort s'affronte seul.

Vous avez mené une vie de juste, vous pouvez partir en paix. Alors comme vous êtes parti le jour de Noël, jour où Marie a mis au monde Jésus, aujourd'hui avec vous en famille nous allons rappeler Noël. »

Puis après avoir écouté l'Évangile de St Luc[9], la nativité et la visite des bergers, je redis quelques paroles qui ouvrent à la fête de la résurrection à laquelle nous sommes conviés.

Célébrer Noël un jour de funérailles, célébrer la naissance d'un enfant, d'un sauveur au moment où nous sommes dans la douleur de l'absence d'un être cher, voilà qui est bien paradoxal. Alors si nous avons fait ce choix c'est parce qu'il vous aurait plu Monsieur D., du moins nous le croyons.

Noël est un jour de rassemblement de la famille, et aujourd'hui la famille est rassemblée. Rassemblée pour vous accompagner, pour veiller sur vous, comme Joseph et Marie ont veillé sur l'enfant Jésus. Car vous êtes appelé à une nouvelle naissance, la naissance dans l'Esprit. Et nous, nous voulons croire qu'aujourd'hui vous avez rejoint Jésus-Christ Ressuscité qui vous indique le chemin du Père. « Espère le Seigneur » nous dit le psaume : aujourd'hui c'est la face du Seigneur qu'il vous est donné de voir.

L'Évangile que j'ai lu nous dit : « Dans les environs il y avait les bergers et l'ange leur dit : "Ne craignez pas, car voici que je viens vous annoncer une bonne nouvelle, une grande joie pour tout le peuple : aujourd'hui vous est né un Sauveur dans la ville de David. Il est le Messie, le Seigneur. Et voilà le signe qui vous est donné : vous trouverez un nouveau-né emmailloté et couché dans une mangeoire." Quel signe ! Quoi de plus humain que

9. 2,1-20

de nous rappeler la vie à son début, c'est le signe de notre Dieu, de cette Espérance dans l'humanité, signe qui nous est donné pour nous rappeler aussi que nos vies sont précieuses.

Vous, Monsieur D., vous avez été berger à votre façon. De combien d'hommes avez-vous pris soin ? Alors rejoignez aujourd'hui les anges qui chantent Le Gloire à Dieu, paix aux hommes de bonne volonté. Rejoignez Marie et son fils Jésus, soyez un berger à qui la bonne nouvelle est annoncée. Et comme Marie, méditez dans votre cœur tous ces événements.

Et nous, sachons que vous transmettez en héritage votre bonté, votre foi et que sans doute, en même temps que nous vous accompagnons, vous nous accompagnez. Vous nous accompagnez pour nous faire partager le haut sens de la vie que vous aviez. »

Son cœur s'est ouvert au-delà de sa propre raison…

25 décembre : jour de fête, jour de joie, mais il peut être aussi jour de tristesse. Ce jour de Noël, un homme de quatre-vingts ans meurt ; douleur de son épouse vietnamienne, et douleur plus grande encore car son époux est mort dans l'ambulance, sans personne à ses côtés. Et cela est contraire à la tradition bouddhiste qui est leur religion. Une célébration de funérailles chrétienne, dans le temps de Noël, d'un homme bouddhiste, par un laïc ; accueillir la peine, entendre la douleur, reconnaître cet inconsolable ; c'est le premier enjeu d'une célébration de funérailles.

« Heureux ceux qui pleurent, ils seront consolés. »

Rendre hommage à cette vie menée, c'est aussi l'exigence d'une telle célébration. Guy, l'aumônier, sera tellement touché par le témoignage de son épouse, qu'il osera nommer Saint cet homme.

Saint par la dignité avec laquelle il a conduit sa vie, au service de son pays, en homme réfléchi et responsable, au service des plus démunis, en homme bon et généreux. « Heureux ceux qui ont faim et soif de la justice, ils seront rassasiés. »

Saint pour avoir continué à se laisser interroger par la question de la transcendance, lui qui était de religion bouddhiste, au point de découvrir peu à peu Jésus et Marie.

Oui, son cœur s'est ouvert au-delà de sa propre raison, et cela l'a conduit à faire des choix, par amour, sous de multiples formes.

Célébrer la Vie, la vie qui ne s'arrête pas, la vie qui se transforme, croire que celui qui nous quitte ne s'éloigne pas, mais est avec nous pour toujours, en naissant à une autre vie… Noël.

“ Au-delà du suicide ”

Évelyne était murée dans le silence, dans une communication impossible avec les autres et avec Luc, son mari. « Tchao » a-t-elle écrit sur un mot annonçant sa disparition voulue, et, pour être sûre de ce départ elle a avalé de la soude, accompagnée d'une forte dose de médicaments, puis s'est tailladée les veines et s'est allongée dans sa baignoire remplie d'eau.

Quelle violence dans ces quatre temps ! Se ronger de l'intérieur, se vider de son sang, s'endormir sous l'effet des médicaments, et s'allonger dans la baignoire, comme dans une matrice, comme dans la poche de placenta dans le sein maternel ? Et signifier que c'est un non-retour, sortir par la même porte que celle par laquelle on est entré dans la vie, comme si la vie n'avait pas existé, vie féconde pourtant de cette maman de deux grands fils, vie féconde pourtant de cette femme au service des personnes âgées dans son métier et reconnue pour cela ?

Mystère de la mort et souffrance extrême de son mari, pris de haine pour sa femme, sa compagne qui lui fait subir un tel abandon, un tel mépris de la vie commune partagée, qui en refuse sa fécondité et en montre l'échec.

Alors me vient que ces gestes sont un non-retour, ou plutôt une sorte de retour à la case départ.

Évelyne et sa famille c'est à deux que nous les avons accompagnés, Anne aumônière du Chu et moi. L'appel, je l'avais reçu le 11 juin. C'était les pompes funèbres pour organiser les funérailles. C'est un cas difficile m'ont-ils dit d'emblée. Alors immédiatement j'ai proposé à Anne qui était de service pour le jour des funérailles de venir célébrer à deux. C'est bon de faire équipe quand c'est trop violent, trop révoltant, trop difficile. C'était bon pour moi de le proposer. Le 11 juin c'est la St Barnabé.

Barnabé, c'était un colosse à la foi profonde et confiante, un actif pour porter la bonne nouvelle, avec Paul puis avec Jean-Marc. Toujours actif au ciel, un appui sûr, il ose, n'a pas peur, c'est lui qui ramena Paul auprès des disciples après la conversion de Paul sur le chemin de Damas. Ce jour-là, le 11 juin, c'est toujours vers lui que vont mes prières.

Nous recevons Luc, il est accompagné de sa sœur, pleine d'attention pour lui, et lentement, lentement il peut dire sa colère et ces pourquoi sans réponse. Anne écoute, se fait proche, déculpabilise, et le jour des funérailles rappellera les qualités d'Évelyne.

« Ma vie est cassée » chanson aimée d'Évelyne, nous l'avons écoutée après l'évocation de son histoire et avant d'enchaîner avec le signe de la lumière. J'ai alors pris la parole pour poser l'acte d'Évelyne et le mettre à une place qui me semblait juste. J'ai dit :

« Ma vie est cassée nous dit cette chanteuse que nous venons d'écouter, comme en écho à la vie d'Évelyne, qui s'est arrêtée si brusquement, si violemment.

Pourquoi, vous dites-vous ? Pourquoi ?

Évelyne est partie avec son mystère et sans doute avec ce même pourquoi. Son geste, elle l'a décidé, elle a choisi, et nous avons juste à le reconnaître, et en même temps nous savons qu'un choix de mort est un non-choix. C'est quand les choix de vie semblent si fermés que la mort impose le sien.

« Je ne la reconnaissais plus » nous avez-vous dit Luc : « Ce n'était pas elle. »

Alors c'est bien cela le mystère qu'emporte Évelyne. Mais surtout ce que nous savons et que nous voulons garder, c'est qu'Évelyne n'était pas que ce choix, elle était tellement autre.

Nous l'avons entendu, et vous pouvez le redire : c'était une maman, c'est votre maman avec tout ce que ce mot peut comporter d'amour et de tendresse. Elle était de celles qui permettent à la vie d'éclore en son sein.

Et maintenant nous allons nous tourner vers la lumière, cette lumière qui est déjà au cœur de la vie d'Évelyne, et pour nous tourner vers cette Espérance, ce que nous voulons voir c'est cela, cette lumière d'Évelyne.

C'est cela que nous disons avec vous Luc, pour qu'elle parte en gardant une lueur, une lueur vers Dieu. »

Quand nous sortons, nous ressentons encore besoin de parler. Parler pour ce qu'Évelyne n'avait pas pu dire : échec, abandon, ces mots reviennent, rejoignant nos propres vies.

Ce partage entre deux collègues, c'est aussi un partage d'amitié ; Évelyne absente est pourtant là au cœur de cet échange ; et il me vient d'offrir ce temps comme une porte ouverte pour Évelyne dans sa relation d'amitié au Christ, pour que, comme l'a dit Luc, son mari, une lueur soit là, vers Dieu, pour elle.

Drame et mystère

Drame. Drame d'une vie interrompue en plein vol, drame d'une vie inachevée dans le silence et la violence. Tchaô.

Drame d'une maman qui n'a pas su dire sa désespérance, ni continuer avec ce cadeau empoisonné que lui a semblé être la vie.

Drame d'une femme qui ne voyait plus le sens de la vie, butait contre l'absurde et ne voyait plus que l'immensité de la ténèbre.

Drame d'un mari qui se voit abandonné, trahi.

Drame des enfants pour qui la vie n'aura plus jamais la même saveur, et qui porteront le fardeau.

Drame pour l'humanité tout entière qui porte en son essence même la responsabilité du vivre ensemble : qu'as-tu fait de ton frère ?

Drame du suicide.

Et pourtant mystère.

Rembrandt a peint une scène de l'Évangile : les retrouvailles d'un père avec son enfant. Son enfant avait choisi de partir loin, très loin. Et son père a guetté inlassablement son retour ; avec ses yeux devenus aveugles tant il a guetté et pleuré ; avec son corps devenu voûté par le poids de l'attente, du silence. Le tableau de Rembrandt célèbre ces retrouvailles : le père et l'enfant sont tendrement enlacés. Une tendresse inouïe qui ressemble à un enfantement, à une naissance.

Mystère du Père tout-puissant. Tout-puissant de quoi ? Tout-puissant d'attente.

D'attente de l'homme, de toi, de moi, d'Évelyne.

Le Père tout-puissant auquel je crois est ce Père-là : un Père qui guette sans relâche chacun de ses enfants ; un Père qui accueille inconditionnellement son enfant, et l'entoure de toute sa tendresse de Père, à la hauteur de la blessure de son enfant ; un Père qui poursuit inlassablement de son amour son enfant et attend qu'il consente librement à cet amour.

Mystère des retrouvailles d'Évelyne et du Père, de l'enfant blessée, vidée et désormais enlacée, embrassée, qui cherchait et a enfin trouvé.

© Chantal Moraillon

“ Noël en soins palliatifs ”

Ce mercredi proche de Noël, je suis appelée deux fois, en l’espace de quelques minutes sur le bip. Une sonnerie qui revient plusieurs fois, un numéro qui s’affiche, le mot « urgence » qui résonne.

Le premier appel vient de la toute nouvelle unité de soins palliatifs, le deuxième de l’unité mobile.

Ma fragilité est là, présente et immédiate, au travers des questions qui surgissent en moi : pour quels besoins suis-je appelée ? Et ceci sur deux lieux différents. Il va me falloir vivre ces deux rencontres l’une après l’autre.

Vers où partir en premier ? Ces questions se bousculent.

Je pense au week-end dernier et à la formation que j’ai suivie sur l’éthique en fin de vie dans le cadre du certificat d’aumônier à l’Institut catholique de Lyon.

L’image de mon frère, décédé à Bordeaux il y a quelques années dans une unité de soins palliatifs, ressurgit tout à coup.

Comment ne pas se laisser toucher par ces instants ultimes, ces appels des hommes vers Dieu pour traverser cette étape de la mort si proche ?

Petit à petit un calme intérieur se met en place, une disponibilité pour accueillir ce qui me semble faire partie intégrante de notre mission. J’avance dans ces couloirs de l’hôpital.

Et la première visite sera auprès de monsieur Victor, en toute fin de vie, et sa famille. En les quittant ce verset du psaume du jour résonne, « Seigneur, entre tes mains je remets mon esprit. »

J’ai quelques mètres à parcourir pour rejoindre le pavillon des soins palliatifs. Ces pas me permettent de respirer autrement, de prendre une distance nécessaire pour vivre cette nouvelle rencontre.

La première personne aperçue est un homme seul à sa table de travail : l’interne du service. Une occasion de se connaître, d’échanger quelques paroles. L’infirmière à son tour se rend présente. Elle m’introduit, m’ouvre la voie, la porte de la chambre de madame B. Son fils m’accueille.

C’est la fin de l’après-midi, la lumière est tamisée. Madame B est couchée sur le côté. Je prends le temps de baisser la barrière puis me penche doucement vers elle en me mettant à sa hauteur. Je me présente puis l’appelle par son nom et aussi par son prénom, Madeleine, donné le jour de son baptême en lui citant cette phrase d’Isaïe « Madeleine je t’ai appelée par ton nom… » Son fils est là, écoute silencieusement. Il est dans une grande attention.

Madame B est consciente maintenant. Cela va-t-il durer ? Son mari nous a demandé le sacrement des malades pour elle. Tranquillement, avec une certaine assurance qui me surprend moi-même, j'ose lui parler de la demande de son mari du sacrement des malades pour elle.

Madeleine me dit un « Oui », un « Oui » faible du fait de son état de santé, mais qui me dit combien le désir, son désir, est bien là. Nous décidons de celui-ci pour le lendemain. Avant de la quitter ces mots me viennent tout doucement : « Le Seigneur est mon berger, rien ne saurait me manquer ». Madeleine les prononce avec moi avec une présence qui me touche. Une paix s'installe, profonde et ample, comme une respiration qui donne vie. Notre rencontre se termine, il est temps de laisser place au repos.

Son fils dans le couloir m'avoue qu'il s'est éloigné de Dieu, mais entendre ce psaume prononcé par sa maman à l'instant l'a touché si fort et de manière si inattendue…

Le lendemain, ce sera Pierre qui donnera le sacrement des malades en présence du mari de Mme B et de deux autres personnes de la chorale de leur paroisse. Le souffle de Madeleine s'est affermi petit à petit ; Madeleine a trouvé l'énergie d'évoquer sa vie de croyante, et leur pèlerinage au cours de l'été. Un merci a ponctué et a donné un sens tout particulier à ce sacrement des malades.

Deux visites bien marquantes feront suite à ce sacrement :

La première sera la mienne, la veille de Noël. Ce jour-là, Madeleine est à peine présente. Son mari, sa fille et son fils l'entourent, pleins de tendresse. Sa fille dit qu'elle aimerait lire un psaume à sa maman, et sa voix prononce ces paroles : « Le Seigneur est mon berger, rien ne saurait me manquer » ce qui tout de suite me remplit d'émotion ! Ce psaume est là à nouveau. Mon regard croise celui de son fils, et il me dit : « Avez-vous remarqué ce que j'ai installé pour maman ? », tout en me montrant la crèche. Noël est là demain : tout est prêt pour accueillir la naissance de ce petit enfant, fils de Dieu.

Vers 20 h 30, le jour de Noël, le fils de Madeleine joint Pierre au téléphone. Madeleine vient de mourir. La famille aimerait sa présence pour prier. Dernière visite de notre équipe d'aumônerie pour Madeleine et les siens. Au moment de cette prière, son mari sort de la valise le chapelet de la première communion de Madeleine, chapelet que Madeleine avait aussi près d'elle lors du sacrement des malades. Pendant ce temps le fils de Madeleine caresse le visage de sa mère défunte avec grande affection et délicatesse, rappelant ce qu'a été ce visage aimant de sa mère et les paroles qu'il en a reçues.

Présence et solitude

L'affrontement avec la mort comporte une grande part de solitude. Nul ne peut prendre la place du « combattant ». Et telle n'est pas non plus la vocation de l'accompagnant. Il est là, se faisant proche, éveillant et maintenant les relations de sa vie : famille, couple, amis, Église. Comme il est heureux que ces relations puissent se continuer, même si elles ne suppriment pas toute part de solitude ! La qualité de cette relation dépend certes du passé-vécu, mais vu les circonstances, devient autre, marquée de vérité, d'affection plus déclarée, de merci réciproque, et souvent de pardon. Ce couple a vécu cette expérience.

Ce n'est pas toujours le cas. Cette **opportunité de cheminement** *peut faire peur : jusqu'où peut mener ce dialogue ? Et pourtant l'aventure de la vie peut se continuer dans cette dernière étape. Il serait dommage, en choisissant la fuite, de la manquer car l'expérience nous a montré bien souvent que tout peut arriver jusqu'au dernier souffle.*

“ Une fillette pétrifiée ”

Il est 18 h ce vendredi soir lorsque le « Bip » sonne : un soignant me dit qu'une famille désire la présence d'un prêtre pour une personne en fin de vie. Je pars avec cette incertitude : qui vais-je rencontrer et que vais-je vivre ? Et en même temps je pars dans la confiance, car ne sachant rien, je n'ai rien à préparer, ou plutôt si : c'est moi tout entier qui ai **besoin d'être prêt :** prêt à donner du temps alors que la journée s'achève, prêt à me rendre totalement disponible, coupant avec les autres histoires vécues dans la journée, ou les promesses du week-end qui commence, prêt à être dans la joie du service, surtout prêt à cette **attitude intérieure d'être là.** Et au-delà de ma présence permettre que chacun puisse ressentir celle du Seigneur.

Quand j'arrive dans le service, je me présente au soignant, une jeune infirmière, qui me demande : « Vous êtes au courant ? », je dis savoir qu'il s'agissait d'une fin de vie. Cette infirmière me décrit alors rapidement ce qu'il se passe, sans doute façon pour elle de dire toute la difficulté que la situation lui fait vivre. Je comprends assez vite que toute une famille est là pour accompagner une encore jeune maman en fin de vie. Une partie de la famille est arrivée l'après-midi même du Portugal. Je fais comprendre que je n'ai pas besoin d'en savoir plus, et que je repasserai la voir. C'est important, pour moi, pour rencontrer pleinement ceux que je vais voir, de **partir d'une relation à construire ;** c'est-à-dire ne rien savoir, ou ne savoir que quelques éléments facilitateurs pour la communication. Elle m'indique le numéro de chambre.

Devant la chambre, il y a quelques personnes ; je me présente et dis que je viens voir Maria. Visiblement ces personnes sont plutôt la famille éloignée et ils me font signe de rentrer. Je frappe à la porte et je rentre.

En entrant je suis surpris par le monde : c'est une chambre double mais il n'y a qu'un lit, et du monde de chaque côté et au pied du lit. Une femme m'accueille en me disant qu'elle est la sœur, puis me présente sa maman qui est assisse tout près de sa fille malade. Et je vois la fille « Maria » inconsciente dans son lit, un visage de femme vieilli par la maladie, maigre. Alors je dis à tous que je vais saluer « Maria », après m'être fait confirmer son prénom.

Pour moi, j'ai besoin rapidement de saluer la personne pour qui je viens, car je n'aime pas parler « sur quelqu'un », même inconscient, sans m'être présenté. C'est ma façon de l'associer aux propos qui vont être tenus. Je me présente, lui dit que je viens pour elle à la demande de sa famille, puis je lui dis que toute sa famille est là, et en me retournant vers sa sœur, je lui demande de dire qui est là. Pour moi, c'est le moment de situer les relations. Puis j'ajoute qu'à notre présence, il y a aussi la présence mystérieuse d'un Dieu d'amour dans ces moments difficiles à vivre. Je repère ainsi dans l'assistance, proche de Maria, son mari entouré de deux filles grandes adolescentes ou jeunes adultes. Puis, derrière moi, la troisième fille de dix ans avec une de ses tantes. Et puis, au pied du lit, le papa et des frères, et puis, plus loin, des cousins, des neveux et des nièces.

Je m'adresse alors au mari : « vous vouliez voir un prêtre pour confier votre épouse au Seigneur ? ». La maman de Maria, très proche, me montre par son attitude combien elle est soulagée par la présence de l'Église. Puis je dis que je peux chercher un prêtre et en même temps je vois tout le monde comme figé, dans l'attente de quelque chose. Et je propose que nous priions ensemble et que je bénisse Maria. La famille me dit immédiatement oui.

Je rentre dans un temps de prière, lis le psaume « Seigneur tu es mon berger » ; puis invite ceux qui le souhaitent à venir dire une parole à « Maria ». S'approchent le mari, puis les filles, la sœur, la mère. J'attends, regarde vers tous, et après un temps de silence un frère s'approche puis tous s'approchent. Pour terminer le papa s'approche, très éprouvé et soutenu par deux de ses fils car ses jambes plient sous le poids du choc (je comprends qu'il vient d'arriver du Portugal).

La dernière fille de dix ans est figée et sa tante lui dit : « Va dire à ta maman que tu l'aimes ».

L'enfant ne bouge pas, je la sens pétrifiée. La tante insiste, et toutes sortes de questions me passent par la tête : pourquoi cette fillette n'est pas avec ses deux sœurs qui, de loin, l'invitent à avancer ? La tante qui insiste, n'est-elle pas celle qui a pris ou prendra en charge cet enfant ? J'ai envie de dire « n'insistez pas » et à la fois, je ne suis là qu'un temps, je ne peux pas aller contre la parole de cette tante, et je ressens toute la détresse de cette petite fille devant cette image de sa maman « cadavérique ».

Alors, poussé par le désir d'apporter de la paix (et sans doute par l'Esprit qui me tient présent) je m'approche de cette petite fille, me mets accroupi, à sa hauteur, et regarde vers sa maman et je lui parle « Ta maman, je la vois comme toi, elle n'a plus ses cheveux, elle n'est pas comme d'habitude, elle dort et peut-être tu ne la reconnais pas. Mais, dans son cœur, tu es toujours sa fille et elle est toujours ta maman, même si elle ne peut plus te parler. Alors, dans ton cœur à toi, tu peux lui dire ce que tu as envie de lui dire, et puis si tu veux tu peux aussi lui toucher la main pour lui montrer ce qu'il y a dans ton cœur, mais tu n'es pas obligée. » Puis je me suis redressé et j'ai fait silence. Tout le monde faisait silence. Puis la petite d'un coup s'est avancée, sa tante la rejointe et l'a aidée à toucher la main de sa maman.

J'ai continué la prière avec le *Notre Père* puis le *Je Vous Salue Marie*. Puis j'ai marqué Maria du signe de la croix et je l'ai bénie.

Puis, m'adressant au mari, j'ai proposé de repasser le lendemain avec un prêtre, puis j'ai dit au mari : « Je vais le dire à Maria ».

Je me suis adressé à Maria, et en même temps je parlais pour tous, et il m'est venu de dire : « Maria, si demain vous êtes encore là, je repasserai avec un prêtre, dans la matinée, et si pour vous, c'est le moment de partir, alors partez en paix ». Puis je me suis adressé à la famille et j'ai répété : « Maria est en paix, si c'est le moment de partir pour elle, elle peut partir, et si elle a encore besoin d'un peu de temps, alors je serai là demain matin avec un prêtre. » Et j'ai vu le mari hocher positivement de la tête.

Puis j'ai salué tout le monde, et leur ai souhaité « bon courage ». Le lendemain j'ai appelé l'hôpital à 9 h. Maria était décédée dans la nuit à 5 h.

Attention et communion du cœur

Ce jour-là l'aumônier est appelé « Quitte ton pays, ta parenté, la maison de ton père pour le pays que je t'indiquerai »[10].

Il se rend disponible. Il rencontre, écoute cette famille nombreuse et portugaise, cherche à comprendre et discerner ce qui se passe.

Touché, il se tourne vers cette petite fille de dix ans. Il lui porte attention. Son désir : se rendre proche de cette petite fille. Il se met accroupi et regarde à hauteur de ses dix ans, lui qui enfant a vu sa maman allongée dans son lit bien malade, pour regarder à hauteur des dix ans de cette petite fille. Il voit cette maman qui aurait pu être la sienne, cette maman qui « n'est pas comme d'habitude ».

Il voit cette petite fille pétrifiée, l'accueille pleinement, tendrement dans ce-je ne peux pas bouger, je suis comme paralysée.

Une parole se murmure comme la rosée vient abreuver la terre, légère, impalpable : « Dans son cœur tu es toujours sa fille, elle est toujours ta maman ».

Amour pour l'éternité, une passerelle qui permet d'oser un pas, une main qui se tend, qui s'offre : « Viens, n'aie pas peur, va »

Parole de Vie.

Reliée à sa tante, cette petite fille avance et touche la main de sa maman.

10. genèse 12,1

“ Deux pauvres parmi les pauvres ”

Rencontre dans le cadre d'une mission de suivi d'ONG en Éthiopie

Nous poussons une porte métallique, derrière une malheureuse cabane, en tôles ondulées, et à l'intérieur une pièce de 8 ou 9 m^2. Au fond de la pièce, un lit, et sous les couvertures, ou plutôt bouts de tissus qui font offices de couverture, une femme. Une femme encore jeune, calfeutrée, la tête enveloppée dans un foulard. Elle est mal, a la fièvre. De son œil une larme coule. Serkadis, la jeune assistante sociale Éthiopienne que nous avons embauchée pour suivre les familles que nous parrainons, est là. C'est elle qui nous guide et qui parle à cette femme. Des larmes coulent, de plus en plus abondantes. Serkadis me traduit : « Elle a peur de mourir et de laisser seuls ses deux enfants ». Dehors, un jeune de quinze ans et sa sœur de onze ans entretiennent un feu sous un abri de fortune : c'est la cuisine et la petite prépare l'injéra (la nourriture traditionnelle éthiopienne : une galette à base de tef, la céréale du pays).

Cette femme c'est Émebet, elle a comme seule famille ses enfants. Elle est sans homme. Elle fait comme elle peut et gagne trois sous pour la famille avec un tout petit commerce de légumes le long de la route principale. Voilà trois semaines qu'elle est au lit. Elle est bien allée à l'hôpital, on lui a donné des médicaments, mais cela ne suffit pas. Que faire, mon Dieu, que faire ? Les malades, j'en ai l'habitude, mais, pour cette étrangère, qui suis-je ? Autre que celui qui peut donner de l'argent ? Alors c'est ce que nous ferons, en nous cotisant et en laissant à cette femme un mois de revenu de sa boutique. C'est un geste pour celle que nous avons croisée : cela représente vingt-cinq euros partagés à quatre.

Mais aussi je n'ai pu m'empêcher de me mettre accroupi, à son niveau, puis de m'approcher, la main sur la couverture, là où était son épaule et de lui dire quelque chose comme « meilleure santé » dans un anglais que sans doute elle ne comprenait pas. À ce moment-là, au-delà de la pauvresse qu'elle était et à qui nous donnions un peu, elle était cette femme mère avant tout, une mère angoissée par l'avenir, l'avenir de ses enfants. À ce moment-là, Promesse (l'association pour laquelle j'étais là-bas) était dans ce lieu, dans ce parrainage, la promesse de ne pas laisser tomber. Et Serkadis le vivait, les larmes dans les yeux.

Le soir nous découvrons dans nos bagages une couverture, amenée de France et glissée dans nos affaires, avec d'autres vêtements à distribuer, par une bénévole de Promesse. Celle-là, nous savons où elle ira.

Demain, Dimanche, à l'hôpital de Grenoble, au milieu des autres malades, une prière sera dite pour elle, merveille des SMS et du lien d'équipe en aumônerie.

Mardi soir, Émebet revient de l'hôpital, elle va mieux, miracle de la médecine, de la solidarité et de la prière. La vie reste dure : bonne chance, Émebet.

Le lendemain, nous sommes un groupe de dix Français : des parents venus adopter et chercher leurs enfants, des accompagnateurs et nous de l'ONG Promesse.

Nous attendons à l'entrée d'un restaurant pour le repas de midi. Je suis fatigué et j'observe la vie.

Un mendiant assis au sol, se déplaçant avec ses mains, s'avance : c'est un jeune de quinze ou dix-huit ans, vraisemblablement polio : ses jambes sont nues et ne sont que plaies suppurantes. Il est au sol au niveau du bas des voitures garées, il tend la main pour quelque argent.

Un jeune non soigné, cela me révolte toujours. Je me sens si impuissant. Tout le groupe est touché et je vois les porte-monnaie s'ouvrir : pour lui ce sera une bonne journée. Et moi je ne bouge pas, je sais que trop d'argent (trop = 1 ou 2 euros) à la fois c'est trop peu et qu'en même temps c'est assez pour inciter les siens à ne pas le soigner, car le montrer tel quel est un revenu pour sa famille.

Je le laisse passer avec cette réflexion au fond de moi : que c'est triste…

Le soir je repense à lui et je vois tout ce que je n'ai pas fait : m'accroupir à son niveau, le regarder, le toucher, lui parler, c'est-à-dire le reconnaître dans sa dignité puis éventuellement lui glisser un billet comme il demandait, mais d'homme à homme, et non dans un seul regard de pitié. Je n'étais pas à sa hauteur, perché sur mes jambes. Je n'ai pas su me hisser à la hauteur de son regard, celui d'un beau jeune homme, condamné par son état, mais c'est Jésus qui était là et que je n'ai pas reconnu.

J'étais empêché, à ce moment-là, je n'étais pas là pour cela, et, devant les autres, m'accroupir à sa hauteur, est-ce que cela se fait ? J'ai gardé la distance, je me suis protégé. Ce jour-là je n'ai pas **osé la rencontre.** Alors ce soir je lui donne un nom, ce sera Ali le troisième prénom de mon fils, lui aussi originaire d'Éthiopie…

Dieu, que nous sommes faillibles ! Belle leçon d'humilité à celui qui se montrait à l'aise dans ce pays devant les autres…

Ailleurs… Un ailleurs si loin, et si proche pourtant

Si loin par la distance, si loin par la pauvreté tellement présente et exposée, si loin par la différence entre les uns et les autres, entre ce jeune homme de quinze ou dix-huit ans, mendiant, et ces étrangers français arrivés en avion, entre cette maman pauvre et malade, et ces parents bien portants en désir d'enfants.

Si proche pourtant parce que de la ***même humanité,*** *parce que femmes et hommes vivants, aimants, désirants et vulnérables.*

Bousculé par la souffrance de l'autre, l'aumônier, parce qu'aumônier, reste, au-delà des frontières, s'expose, s'accroupit, s'engage, confie, relie.

*Va-et-vient, mouvement permanent, pour le croyant, entre l'****agir de l'homme*** *et l'****agir de Dieu.***

L'essentiel réside sans doute, dans cette capacité, cette sensibilité à s'ouvrir à l'autre, à la détresse de l'autre. Vient alors le désir de se faire proche, de rejoindre, d'y arriver plus ou moins bien selon les jours, les heures, nos peurs.

Et le frère que l'on a croisé sur sa route, peut se sentir reconnu dans sa dignité. Ou non. Il arrive que nous ne sachions pas célébrer comme elle le mérite cette humanité commune à laquelle nous appartenons.

Mais, que cette injonction à oser la rencontre ait été honorée ou non, l'espace intérieur de l'être s'en trouve élargi : du fait même que l'aumônier ait repensé à cette non-rencontre, ait éprouvé le besoin d'écrire ce récit, l'autre est entré dans sa vie et a trouvé une hospitalité en lui.

À toi, aumônier sans frontière, qui te sens concerné par la rencontre en humanité,

À vous, de l'association Promesse, qui recherchez la justice et vous engagez pour cela,

À vous parents adoptant des enfants qui défiez les lois de l'amour,

À toi, jeune homme de quinze ou dix-huit ans, aux plaies suppurantes, et à l'intouchable dignité,

À toi, maman Émebet, malade et soucieuse de l'avenir de tes enfants,

Merci et Chapeau Bas.

“ Un homme penché vers sa femme ”

Ce jour-là une demande de visite auprès de notre service de l’aumônerie m’emmène dans un couloir de l’hôpital.

Par-delà une porte ouverte, mon regard se pose sur un homme. Sa position me touche. Il est là, au pied du lit d’une femme qui semble sans réaction. Assis, courbé, la tête entre ses mains. Comment passer mon chemin, sans m’arrêter ? Cela me semble impossible. C’est de l’ordre d’un appel intérieur.

J’ose frapper à la porte. L’homme lève la tête, me regarde.

Je lui dis ces quelques mots : « Je vous vois là ». Il me répond aussitôt « J’étais en train de réfléchir, je suis auprès de ma femme ». Sa femme est bien sans réaction, voire inconsciente.

Je lui demande s’il veut bien me présenter sa femme. Une invitation à laquelle il répond de suite.

Sa parole s’ouvre sur l’amour de sa femme pour lui, pour ses fils qu’elle a tant aimés, sur la maladie d’Alzheimer installée depuis huit ans. Son visage s’anime et se défait par alternance.

Il s’éclaire en parlant de sa femme. Il s’assombrit en la regardant et exprime son chagrin. Son regard se pose sur mon badge d’aumônier.

Maurice me dit à ce moment-là : « Jeudi avant l’hospitalisation de ma femme, j’ai demandé à un prêtre de venir nous porter la communion et j’en suis tellement heureux aujourd’hui ».

J’entends la reconnaissance et l’acceptation de ma présence d’aumônier auprès d’eux.

Suite à ces paroles je lui demande s’il a un désir pour elle, pour lui. Maurice me répond : « C’est bien pour aujourd’hui ».

Nous avons vécu par la suite de nouvelles rencontres. Maurice auprès de Denise revit leur amour, pleure, pose des regards sur Denise, la caresse, lui dit à voix haute sa difficulté de la voir partir. Je sens combien Maurice a besoin de ce temps que lui permet Denise. La prière, tournée vers Dieu nous accompagne.

Les visites se succèdent. En ce mercredi, Denise ouvre les yeux. Cette présence, je l’avoue, m’étonne. Tout me pousse à la confiance. Maurice lit à voix haute l’Évangile du jour[11], et ces phrases résonnent : « Si vous trouvez l’hospitalité dans une maison, restez-y ». Un temps semble ouvert au partage de l’eucharistie, présence réelle du Christ selon notre foi. Je sens l’union de leur couple dans cet instant précis. La communion en est le cœur,

11. Luc 9,1-6

sous le regard de Dieu. Je me souviens, précisément, des mots prononcés si doucement par Maurice en lui donnant, lui-même, un tout petit bout de cette hostie : « Prends, ma Biche, cela te fera du bien ». Je lui donnerai la fin de cette même hostie. Ce sera la dernière rencontre avec Denise vivante.

Ce lundi j'arrive dans le service pour visiter Denise et l'infirmière m'annonce sa mort. Denise a été emmenée, il y a quelques instants, par le service des pompes funèbres. Son mari, Maurice, n'était pas présent. Cela me surprend et me touche et j'en fais part à cette infirmière. Avec beaucoup de gentillesse, elle s'excuse de la manière utilisée pour m'annoncer ce décès de Denise. Nous partageons autour de cette fin de vie. Elle me précise alors que Maurice était là ce matin au moment du dernier souffle de Denise. Un moment de proximité qui nous rend complice toutes deux. Les soignants sont aussi touchés et sensibles à ce qui se passe dans ces rencontres.

La famille de Denise me recontactera pour me demander d'être présente lors de la célébration des funérailles. Ce jour-là je ne serai pas le célébrant car ce n'est ni le lieu, ni le jour de ma responsabilité. Lors de cette célébration la famille de Denise avait choisi de ne rien dire de son histoire, trop de silences enfouis peut-être. Néanmoins ils m'autorisent à témoigner de ce temps de vie à l'hôpital, lors de ces semaines d'hospitalisation, et ils sont dans le désir de l'entendre.

Dans cette célébration je me souviens d'une intention toute particulière autour du pardon.

Ce sera l'occasion de rencontrer les deux fils de Denise. J'apprends que la vie de couple de Denise et Maurice n'a pas toujours été en harmonie. Ma présence et mon témoignage inscrivent ce temps vécu de fin de vie comme une réalité nouvelle. Mon témoignage apporte pour eux que ce qui a été vécu est bien vrai.

À la relecture de ce temps vécu l'Évangile de Luc vient à moi[12].

Jésus disait à la foule : « À quoi le règne de Dieu est-il comparable, à quoi vais-je le comparer ? Il est comparable à une graine de moutarde qu'un homme a jetée dans son jardin. Elle a poussé, elle est devenue un arbre, et les oiseaux du ciel ont fait leur nid dans ses branches. »

Touchée

Touchée par sa position. Ce toucher se transforme comme un appel intérieur, à l'image du bon samaritain, touché par l'autre dans le fossé, laissé pour mort par des brigands. L'aumônier était là pour une autre visite, il aurait pu poursuivre son chemin, il n'y avait pas de demande explicite de ce monsieur.

---

12. Luc 13, 18-21

Et cette introduction « Je vous vois là » traduisait tout simplement l'état intérieur. Pas de présentation, tout simplement « Je vous vois là », comme bien souvent le Christ nous l'a montré, il voit, il voit Zachée sur son arbre, il voit les petits enfants, il voit la veuve de Naïn, il voit le jeune homme riche.

C'est ensuite une demande d'autorisation d'aller plus loin. Ce « Voulez-vous me présenter votre femme » c'est ouvrir un champ du possible à trois incluant chacun dans cette pièce. Chacun est concerné et ce trois ouvre déjà à plus grand, plus grand car aussi l'aumônier porte en lui toute la présence d'Église par laquelle il est envoyé.

Plus tard, lorsqu'un partage de foi est possible, le texte du jour conforte l'aumônier dans sa présence et dans la justesse de ce qui est vécu. L'hospitalité, l'aumônier l'a trouvée dans l'accueil de cet homme. Lui se trouve confirmé dans sa démarche de foi, démarche sans doute assez traditionnelle au départ, comme bien souvent, « Il convient de faire ce qu'il faut ». Et qui peu à peu se transforme en prière. Denise donne ce temps-là à son mari, comme un dernier cadeau dont le sens n'émergera qu'après. L'aumônier accompagne sans comprendre tout ce qui se trame.

Dans l'amour exprimé, Dieu est là et reconnu au travers du sacrement de l'eucharistie. Ce temps irrigue les cœurs. L'aumônier en rendra témoignage lors des obsèques de Denise. Les fils de Denise seront interrogés, eux qui savaient combien leur père n'avait pas été un époux modèle, eux qui laissaient entendre que leur mère avait beaucoup pardonné.

À ce moment-là, il a été donné à l'aumônier de voir et de témoigner comment ce pardon, consciemment ou non, a permis à Maurice d'être toute affection pour sa femme. Elle qui à ce moment-là n'était plus bien consciente et sans doute éloignée de la réalité par sa maladie d'Alzheimer. Pourtant, à ce moment-là, elle ouvre les yeux comme en signe d'acquiescement.

Ce temps, il touche l'aumônier et au-delà touche l'infirmière, qui en elle-même comprend l'importance de ce qui se passe. Un lien de complicité, un lien spirituel se fait entre l'aumônier et l'infirmière. C'est toute l'humanité qui s'exprime par ces liens subtils.

Alors il vient à l'aumônier que d'un temps bref, d'un moment, est née une grande ***qualité d'être,*** *est né le Règne de Dieu, comme une graine de moutarde semée un jour dans un jardin, le pardon de cette femme peut-être. De ce moment surgit un arbre, un grand rayonnement d'amour, et dans notre espérance un arbre où d'autres trouveront un nid.*

Oui cela est vrai, passé au filtre du doute : n'était-ce pas un jeu, un rattrapage d'une vie moins belle ? Peut-être, mais c'était un moment de vérité comme le Christ lui-même a su le reconnaître, au moment où le bon larron de l'Évangile lui demande de ne pas l'oublier.

“ Votre colère est légitime, Monsieur ”

Ce matin, un message sur le répondeur : « Bonjour, une personne de l’aumônerie est passée voir mon père hier. Serait-il possible que vous repassiez aujourd’hui ? Je ne sais pas ce qu’a mon père, il est très agité ce matin. Merci. »

Hier, Bernadette, de l’équipe d’aumônerie, a rencontré quelques membres de cette famille ; ce dont elle se souvient, c’est d’un monsieur allongé, « en fin de vie » visiblement, et de son fils, inquiet non du moment présent, mais de l’après : la mort, les funérailles. Et Bernadette a pris le temps d’écouter cette inquiétude, pour qu’elle se taise tout doucement, et laisse la place à quelque chose de l’ordre de la sérénité et de l’intensité du moment présent.

Suite au message, je me rends dans l’unité où est hospitalisé M. G. Au fur et à mesure que je marche dans le couloir, je perçois des cris, indistincts d’abord, puis de plus en plus clairs : « Salaud ! Salaud ! Un père n’abandonne pas son enfant ! Salaud ! ». La voix est forte et vient de la chambre où je me dirige.

Surprise : je m’attendais à trouver une personne en fin de vie, peut-être dans le coma déjà. On ne sait jamais vraiment qui nous allons rencontrer.

Notre mission ressemble parfois à l’exercice du trapéziste qui se lance du haut du chapiteau, sans filet.

Et en même temps, je sais que je ne me lance pas seule… Dieu n’est pas un lâcheur. Il me devance, Il nous devance dans la Rencontre.

Je frappe, entre. Une dame est penchée vers le patient. Une autre femme, plus jeune, les traits fatigués, est debout devant le lit ; c’est elle qui m’accueille : « Merci d’être venue, papa est ici depuis dix jours ; il a été très calme jusqu’ici et on a pu se dire de belles choses. Mais depuis hier, je ne sais pas pourquoi, il est très agité ».

M. G. est allongé, les yeux ouverts ; il me regarde, a un beau regard, très bleu, a peut-être quatre-vingts ans.

Je m’approche, me présente : « Bonjour Monsieur, je suis Anne, je fais partie du service de l’aumônerie de l’hôpital et suis venue vous voir sur la demande de votre fille. Je sais qu’une personne de notre équipe est venue hier. »

Aucune réaction. M. G. a même refermé les yeux.

Puis, à nouveau : « Salaud, salaud ! Pourquoi m’as-tu abandonné ? À cause de toi, je pars sans avoir vécu… »

À ce moment, me vient que ce monsieur, sensé mourir bientôt, a une grande énergie aujourd’hui, une force de vie inattendue.

Sa femme tente de le faire taire en lui pressant sa main contre la bouche : « Georges, mon Georges, ne dis pas ça, voyons… Jamais, tu n’as dit des choses comme ça. Tu as toujours été heureux. Tu as dit tant de paroles gentilles à tes enfants dimanche… allez, allez ça va aller, ne dis pas des choses comme ça. ».

Mme G. se tourne vers moi : « Il a besoin de recevoir l'extrême-onction pour partir en paix ; vous croyez qu'un prêtre pourrait venir ? »

Entre la tendresse, le désir de bien faire pour l'autre, la prétention de savoir ce qui serait bon pour l'autre, et l'emprise que l'on peut exercer sans s'en rendre compte, la frontière est mince parfois, me semble-t-il.

Je me souviens lui avoir répondu : « Vous savez, peut-être que votre époux a besoin de crier cela, et que cela lui fait du bien, et qu'il a besoin que nous soyons là pour l'entendre ».

On frappe à la porte et le médecin du service, accompagné d'une infirmière, entre. « Cela ne va pas, M. G. ? Est-ce que vous avez mal quelque part ? Avez-vous besoin de quelque chose ? »

Deux femmes compétentes dans leur travail, prêtes à prendre le temps nécessaire pour soulager ce patient.

Nous voilà maintenant cinq autour de M. G., cinq femmes, chacune à une place différente.

Je revois ce monsieur ouvrir les yeux, balayer du regard les cinq visages présents, dire une fois encore « salaud, salaud » ; je me revois m'approcher, prendre la main de M. G., et lui dire « Nous sommes là toutes les cinq, votre femme, votre fille, l'infirmière qui vous soigne, le médecin qui vous suit, et moi membre de l'aumônerie, et nous vous écoutons ».

M. G., cette fois, me répond : « Je n'ai que de la haine dans mon cœur ». Quelle phrase lourde à accueillir, et en même temps sans doute indispensable à déposer, à expulser…

Sa fille, silencieuse depuis le début, prend la parole avec une grande émotion : « Papa a été abandonné lorsqu'il était tout petit. Il a été aussitôt accueilli, et adopté par sa famille d'aujourd'hui, famille qui l'a aimé, elle est notre famille. Papa n'a jamais parlé de son abandon. »

Pourtant ce matin, devant nous cinq, M. G. crie cette blessure originelle, s'autorise enfin ce hurlement.

Mystère de la vie de chacun, de l'histoire blessée de chacun. On a beau être tout proche de l'autre, on ne le connaît jamais totalement.

Le médecin s'approche de M. G. et lui dit : « Votre colère est légitime, Monsieur ». Grandeur de cette femme qui rejoint pleinement la détresse exprimée ; la phrase de ce médecin résonne, pour moi, comme un élément majeur dans le « basculement » de M. G.

M. G. s'est relevé de tout son corps malade, à bout, et a dit : « légitime, légitime, elle est légitime, ma colère » ; quelque chose comme le voile qui se déchire, enfin, comme la retombée d'une vague gigantesque, pour laisser place à l'apaisement.

Cinq femmes, cinq femmes autour de ce monsieur, ayant chacune une place précise, son épouse qui l'a accompagné tout au long de sa vie, sa fille, fruit de l'amour conjugal, à qui il a transmis la vie, le médecin qui a la compétence de soigner, l'infirmière qui prend soin de lui, et moi, qui assure la présence de l'Église et le reconnaît dans sa dimension spirituelle ; chacune animée de bienveillance pour le rejoindre pleinement.

J'ai la conviction que ce corps d'humanité que nous formons sans en prendre réellement conscience, ce matin, est bon et juste pour lui, et je suis émerveillée de cette communauté que nous formons.

Il me vient même à l'esprit que ce monsieur est bien gâté d'être ainsi entouré.

Au moment de quitter la chambre, je me penche vers Georges et lui dis : « Cet après-midi, nous passerons avec Pierre, Pierre est prêtre ». M. G. a répondu : « Je connais les prêtres, quand j'étais petit, j'ai porté le saint sacrement à côté du prêtre ». Sa femme a eu un grand sourire « Ah, tu vois, mon Georges, ce sera bien tout à l'heure avec le prêtre ! »

Pierre est passé comme convenu ; j'étais avec lui. La fille et la femme de Georges étaient toujours là. M. G. semble plus calme cet après-midi. Il nous regarde, et prend la parole : « Je veux mourir ». Le ton est paisible.

Et Pierre de lui répondre : « Le sacrement vous aidera à mourir ». Pierre nous dira ensuite avec force qu'il s'est surpris avec cette affirmation.

Mystère de la parole qui nous échappe, dont on ne sait pas toujours l'origine, et qui porte du fruit…

Qu'est ce qui nous anime profondément ? Ou encore, Qui nous anime profondément ?

Car le temps du sacrement a été un temps de prière, simple, intense et serein.

Pierre impose les mains pour que Georges reçoive, perçoive la tendresse de Dieu pour lui maintenant. Pierre le bénira avec l'huile sainte pour que la force de Dieu agisse en lui. Importance du geste, symbolique pour les uns, efficace pour les autres, les deux pour d'autres encore.

Bernadette reviendra auprès de cette famille le lendemain. Monsieur G. ne parle plus, ne se manifeste plus. Il est paisible. « Il entend », assure sa fille.

Bernadette prendra le temps. De s'approcher. De parler. De prier. De présenter l'eucharistie, et de la partager avec sa femme et sa fille, eucharistie accompagnée de cette parole : « Reçois ce que tu deviens ». De donner du sens à ce temps de communion, à cette vie donnée pour être partagée.

M. G. rendra son dernier souffle dans la nuit.

Colère

Ces cris, cette haine si forte, alors que la veille encore tout semblait calme et que déjà la famille pensait au rite des funérailles. Mon Dieu, comment va-t-il mourir, cet homme si bon, si ses derniers cris sont ceux de la colère, de la haine même ? L'épouse de Georges est désemparée et dans un geste plein d'affection lui met la main devant la bouche, pour éviter ces paroles.

L'aumônier sait bien que ces cris peuvent être au contraire le chemin de guérison d'une très vieille blessure enfouie. Tout simplement il dit que la présence est importante pour entendre. Et le médecin va dédramatiser la situation en disant « Votre colère est légitime ». Le médecin prend parti, l'aumônier écoute sans jugement, et la famille va pouvoir accepter d'entendre.

Oui, à ce moment-là il est gâté Georges : cinq femmes pour panser la blessure, chacune à sa façon comme la session de rattrapage ultime. La vie se dépêche de réparer le fracas de l'abandon. La blessure guérie par contagion relationnelle. L'image féminine de Dieu, celle qui est accessible après que l'image masculine soit entachée par l'abandon. Et toi, Dieu, nous as-tu abandonnés ?[13]

Ce qui frappe le lendemain c'est ce « Je veux mourir » et la réaction instinctive, inattendue, du prêtre qui s'entend dire : « Le sacrement va vous aider à mourir », alors que le sacrement est un sacrement de guérison. Et Georges qui se laisse faire. Ne serait-ce pas une guérison qui permet justement de partir ? Et l'hostie partagée qui donne le sens au devenir. « Reçois ce que tu deviens » selon la phrase empruntée à St augustin. L'hostie dernier viatique avant le départ. C'est elle qui donne la vie après le sacrement des malades.

Ce qui frappe c'est ce « Je m'en vais sans avoir vécu » qui ressemble à « Je m'en vais dans la vie » qui pourrait être dit après ce temps d'abandon et de chemin de vie.

Pour les aumôniers ce temps prend sens : l'Esprit à l'œuvre au travers de la parole du médecin, des gestes pleins de tendresse de l'épouse, l'Esprit qui nous laisse tant de liberté sans nous abandonner.

Le sens, il se construit, c'est nous qui le construisons, avec les événements qui sont donnés à vivre, et dans lesquels chacun prend sa place d'acteur. Et celle de Pierre ouvre sur l'Espérance Chrétienne par le sacrement de l'Église.

---

13. « Mon Dieu, mon Dieu, pourquoi m'as-tu abandonné ? », cri de Jésus en croix, dans st Matthieu au ch.27, qui est une reprise du psaume 21

“ J’ai eu une révélation ”

Jeudi soir, 20h45, un jeudi de décembre où je suis d’astreinte, en voiture pour aller chercher une de nos filles au théâtre. Appel sur mon portable, le numéro indique l’hôpital… Oh non…

« Allô ? Oui, bonsoir, je suis infirmière au 14 B, il y a un monsieur qui aimerait voir une personne de l’aumônerie, et je pense que ce serait important que vous passiez ce soir. »

Oh non, pas ce soir. Ce soir, je suis fatiguée, fatiguée par ma journée commencée au CHU avec deux célébrations de funérailles, puis la messe de Noël dans le pavillon de personnes âgées, puis des visites. Je ne suis plus disponible, ce soir, pour une écoute fine et bienveillante. Finies pour ce soir la gravité, la souffrance la mort. Rideau fermé jusqu’à demain.

Et puis, notre fille aînée revient, après deux mois d’absence, et j’aimerais être là pour l’accueillir.

L’aumônier doit-il être taillable et corvéable à merci ? Est-ce cela qui lui est demandé ?

Me vient cette question : « Qu’est-ce qui vous fait dire que c’est important que quelqu’un de l’aumônerie vienne ce soir ? »

« Ce monsieur a appris aujourd’hui qu’il n’était pas opérable, et il sait ce que cela veut dire. Tout à l’heure, il m’a parlé pendant vingt minutes. J’avais beaucoup de travail ce soir, mais je sentais qu’il avait besoin de parler de choses importantes pour lui. Il a abordé la question de la religion. Je lui ai parlé du service de l’aumônerie, et il a tout de suite dit qu’il aimerait rencontrer une personne de ce service. Il pensait que c’était trop tard. Je lui ai dit qu’on pouvait toujours essayer. »

En un instant, cette infirmière, avec son attention pour ce monsieur, son souci de prendre soin de lui dans tout son être, cette infirmière m’a convertie, retournée.

Mon « Oh non » s’est transformé en : « Vous avez bien fait d’essayer, nous sommes là pour cela ; je viendrai voir ce monsieur ce soir ; j’essaierai d’être là avant 21 h 30. À tout à l’heure. »

Le temps de ramener notre fille à la maison, j’arrive au CHU.

À cette heure aucun souci pour se garer.

À cette heure, dans la nuit, en hiver, des personnes sont couchées dans le sas d’entrée où il fait chaud, corps et têtes enfouies sous des couvertures.

À cette heure, aucune attente devant les ascenseurs, et aucun arrêt jusqu’au 14ème.

Un calme apaisant règne dans le couloir, calme contagieux, espace ouvert au temps et invitant à la rencontre.

Une infirmière s'avance : « C'est moi qui vous ai téléphoné ; je vous amène auprès de ce monsieur. Il s'agit de M. S., un monsieur très cultivé. C'est dommage que quelqu'un comme ça parte. Il a plein de choses à transmettre. »

Cette dame est près de la retraite, avec ses cheveux blancs, son visage ridé. Elle est émue par ce monsieur, sa voix le montre, ses yeux un peu embués aussi. Se laisser toucher sans être terrassé, tout un art délicat, même avec les multiples expériences.

« Venez, je vous accompagne, je vais vous présenter. »

La porte est entrouverte, l'infirmière entre, tapote doucement l'épaule d'un monsieur allongé dans le lit : « Monsieur S., ça va ? La dame de l'aumônerie est là, je vous laisse. » L'infirmière repart discrètement, referme la porte.

Mystère, étonnement de se retrouver ainsi, en un instant, face à un monsieur dont je ne sais rien, que je n'ai jamais vu, ne reverrai peut-être jamais, et avec lequel la rencontre peut être de l'ordre du secret, de l'intime.

Une main se tend, un visage se tourne vers moi, souriant, bien présent, et je me souviens de l'écharpe rose autour de son cou, tranchant avec le blanc ambiant : « Bonsoir, je suis confus de vous déranger si tard, comment puis-je vous appeler ? »

Je prends la main tendue : « Je m'appelle Anne. Vous pouvez m'appeler Anne si vous voulez », et « Puis-je prendre la chaise pour m'asseoir à côté de vous ? »

« Je vous en prie », et puis après quelques secondes « Est ce que j'ose vous demander de vous asseoir sur mon lit, Anne ? »

Ai-je fait appel à toi, mon Dieu, pour savoir que répondre, sentir quelle attitude serait juste face à cette demande ? Je ne m'en souviens pas… mais, je le crois, tu m'as accompagnée dans ma réponse, tu ne m'as pas lâchée.

Ce qui m'autorise à penser cela ? La douceur insoupçonnée de ces deux heures partagées, le voyage inattendu que nous avons parcouru ensemble, la joie qui a habité nos cœurs, nos êtres, et une plus grande compréhension, acceptation tendre de ce besoin, jamais comblé, d'être écouté, non jugé, aimé, relié au vivant, une envie de dire au monde la gratitude d'être créés aimés et aimants.

« Vous pouvez toujours demander ! Oui, je veux bien m'asseoir près de vous et je ne vois pas d'inconvénient à m'asseoir sur votre lit. »

Bien loin des formations où il est question de respecter le lit de la personne malade, seul lieu privé qui lui reste, je choisis de m'approcher de ce monsieur, au risque de transgresser le cadre habituel.

Choisir le risque au nom de l'attention à l'autre.

« Je voulais rencontrer un membre de votre équipe, car j'ai eu une révélation. »

Ouh là là... un mot qui me fait peur, *a priori*. « Les médecins sont passés ce matin, et j'ai apprécié leur franchise : je ne suis plus opérable. En clair, je n'en ai plus pour longtemps. »

Suivront deux heures de conversations, de pérégrinations intérieures, d'échanges en paroles, en regards, en vérité, en liberté.

M. S. évoquera son enfance marquée par la foi sévère de sa mère et les stratégies à mettre en œuvre pour échapper aux offices religieux quotidiens, sa jeunesse, les liens d'amitié que le temps a compromis, l'amour inconditionnel pour sa femme, et le désespoir d'avoir été séparés par la mort, la prise de risque et la responsabilité d'être père, la joie d'être grand-père, la question incessante de ce qu'il y a « Après le temps sur terre ». Toutes ces années traversées par une vie intense, pleinement vécue, où les liens humains, les interrogations intérieures, les choix assumés, ont tenu leur place. Regarder en face tout ce qui a fait la beauté de son existence et réaliser qu'il s'agit aujourd'hui de renoncer à tout cela, de dire adieu à cette vie prise à bras-le-corps.

Le courage de l'abandon.

Qu'est ce qui aura favorisé cette parole ouverte, libre, profonde de cet homme au soir du grand passage ?

Qu'est ce qui aura suscité, au grand étonnement de ses enfants, que ce vieux monsieur déroule sa vie longuement, précisément, lui, ce père peu bavard, lui, ce pharmacien respecté, plutôt distant ? Le fait que je sois si près, sur son lit ? Le fait que cette rencontre ait eu lieu de nuit ? La conviction que Dieu était chez lui, maître discret et tendre de la rencontre ?

Qu'est ce qui aura permis que tour à tour, émotions et rires, interrogations et convictions, fiertés et déceptions, doutes et espérances, s'alternent, s'expriment, donnant force et sens dans ce voyage, non sur un tapis volant, mais sur un lit fixe d'une unité d'hôpital ?

La proximité fraternelle ?

L'urgence de la mort qui s'avance ?

L'alchimie mystérieuse d'une rencontre de deux fragilités ? Celle de la personne malade qui s'achemine lucidement vers sa mort et désire l'affronter

« debout », et celle d'un aumônier fatigué, aux mains vides et pauvres ce soir-là.

« Je t'aimais. Je t'aime. Je t'aimerai. Il ne suffit pas d'une chair pour naître. Il y faut aussi cette parole. Elle vient de loin. Elle vient du bleu lointain des cieux, elle s'enfonce dans le vivant. Ce n'est pas nécessaire de connaître la Bible pour l'entendre. Ce n'est pas nécessaire de croire en Dieu pour être vivifié pas son Souffle. Elle imprègne aussi bien les feuilles des arbres, le poil des animaux, et chaque grain de poussière volant dans l'air. Je t'aime. Bien après la fin des temps, je t'aime dans toutes éternités. »

Le Très-Bas, Christian Bobin, éditions Gallimard.

Extrait lu pour les funérailles de M. S.

« D'où vient l'amour ? De quelle matière est sa matière, de quelle nature sa surnature ? La beauté vient de l'amour. L'amour vient de l'attention. L'attention simple au simple, l'attention humble aux humbles, l'attention vive à toutes vies, »

Le Très-Bas, Christian Bobin, éditions Gallimard.

© Gérard Naveau

Rencontre

J'ai eu une révélation. Quoi de plus intime que de dire une révélation, de l'ordre de l'indicible tellement c'est irréaliste, une révélation. Et quelle révélation : je vais mourir et ce qui vient n'est pas la tristesse mais une force de vie. Une révélation comme un cri d'amour qui ouvre vers un chemin de vie, le chemin d'une autre vie. Cri d'amour à dire sur un lit dans l'intimité d'un soir à une femme qui ce soir-là acceptera d'être toute proche et qui permettra dans l'alchimie de la rencontre de célébrer une vie qui s'achève en s'ouvrant. Mystérieuse histoire d'amour, mystérieuses noces. Noces ouvertes à la présence de celui qui transforme la réalité : l'annonce de la mort qui se transforme en vie pleine, la rencontre de deux âmes et la fatigue de l'aumônière transformée en regard de joie et d'espérance, en richesse vécue dans une proximité inattendue. C'est Cana, l'eau transformée en vin pour ces noces. C'est l'aumônière telle Marie qui pressent qu'il faut être là, qui pressent qu'un autre est là et qu'il faut lui faire la place. Ce qui était annonce de la mort devient révélation, ce qui était fatigue devient caresse du cœur. Et pour l'aumônière se détacher en confiant au Seigneur ces moments vécus, et rejoindre dans la grande fête de la vie sa famille, ses proches avec un cœur dilaté.

“ L’unité de concertation éthique en néphrologie ”

Une fois par mois, a lieu en néphrologie un temps de concertation. Cet espace de réflexion existe depuis une dizaine d’années. La néphrologie concerne les reins. La question principale qui anime l’unité de concertation est d’évoquer dans certaines situations, le plus souvent de fin de vie, le sens du maintien de la dialyse chronique ou son arrêt. La question est toujours complexe. Autour de la grande table, des médecins (néphrologues, neurologue, psychiatre), assistants sociaux, une psychologue, plusieurs infirmiers, les cadres de dialyse et d’hospitalisation, et moi-même, aumônier du CHU. Participent aussi une juriste universitaire spécialiste des questions de fin de vie, et un philosophe. Très régulièrement, des élèves stagiaires : infirmiers, assistantes sociales ou psychologues viennent assister à ce temps pluridisciplinaire. Chacun est bienvenu, accueilli, dès lors qu’il est intéressé par les questions d’éthique.

Les sessions sont annoncées à l’avance et l’ordre du jour envoyé quelques jours avant la concertation de façon à ce que nous soyons au courant des situations qui vont être exposées, et réfléchies ensemble. Les noms des personnes ne sont pas dévoilés par souci de confidentialité.

Pendant une heure et demie, parfois deux heures, nous sommes ensemble. Un médecin expose la situation de la personne et les questions qui se posent pour elle et son entourage. Il aborde aussi les conséquences et les questions concernant les soins. Chacun peut exprimer ses incompréhensions, ses réactions. Chacun peut prendre la parole, apporter son témoignage, les professionnels éclairant la situation en citant le texte juridique approprié ou la question philosophique sous-jacente. Chaque parole a sa valeur parce que chacun amène sa pratique de là où il se trouve, avec sa compétence.

Aujourd’hui, le corps médical et soignant du CHU connaît une pression grandissante donnant à penser que l’hôpital n’est plus qu’une « usine à soins » et la personne malade un symptôme. Pourtant, chacun choisit de se poser autour de la table, de prendre le temps et le recul nécessaires pour réfléchir avec d’autres. Quel est le meilleur pour ce patient ? Il n’y a pas une réponse, une vérité, mais un chemin qui se cherche ensemble, qui se tisse patiemment grâce à la qualité de l’écoute, et peut-être apparaîtra un élément important pour « accompagner et réhumaniser le soin. »

Ce lundi, deux situations seront présentées pour donner lieu à une délibération multidisciplinaire :

Pour Mme F. la question de la poursuite des soins curatifs se pose, les médecins parlent, parfois avec des termes techniques, et il m’arrive bien souvent de prendre la parole pour leur demander d'exprimer avec des mots plus simples la situation. L'attention de chacun aux paroles qui se disent permet de progresser sur le vécu de la situation pour la personne et ses proches comme pour les soignants. Cette femme est très renfermée, voire déprimée, ayant été jusqu'à arracher sa sonde naso-gastrique pendant la dialyse. Pourtant elle dira en confiance au psychologue venu la voir cette phrase : « Je me demande si la médecine me demande de vivre ou de mourir ? ». Et ensemble nous prenons conscience que cette femme peut entrer en lien quand elle comprend qu'on s'intéresse à elle.

Pour Mme G. une jeune femme de vingt-neuf ans, dialysée depuis l'âge de cinq ans se pose la question de son désir d'enfant.

Au fond, lorsque la personne malade souffre, souffrent avec elle non seulement ses proches, mais tout le corps soignant, tout le corps accompagnant. Quand une session est terminée, chacun repart et poursuit son travail différemment : « Dans l'air, entre nous, en nous, il y a comme un petit rien de plus léger, d'allégé qui circule… »

La place de l'aumônier

À quel titre un aumônier est-il présent dans un comité d'éthique ? Surtout dans un état laïc.

Ce récit nous montre un aumônier présent au milieu des autres professionnels. Il n'est pas là pour représenter « sa religion » qui d'ailleurs n'est pas annoncée, mais est présent avec sa connaissance, sa compétence, sa sensibilité, son lien avec les personnes malades et leur famille. Il apporte par son regard particulier une approche spirituelle du sens de la vie et son expérience d'accompagnement des personnes en fin de vie.

“ Appel pour un sacrement ”

Chaque sacrement de l’Onction des malades est particulier. Il varie en fonction de la situation de la personne qui le reçoit, et de son entourage. Tel était le cas pour Jean-Charles.

À quarante-huit ans, l’on est dans la force de l’âge, mais non à l’abri d’une crise cardiaque. Sa famille avait appelé l’aumônerie, non sans répercuter l’avertissement du médecin. Il fallait ménager Jean-Charles. Sa vie, au sens strict du terme, ne tenait qu’à un fil. Son cœur ne battait qu’à partir de l’énergie reçue de la machine. Il risquait fort de ne pas passer la nuit. La cérémonie devrait donc se réduire au minimum : très peu de dialogue avec le malade, pourtant conscient, sans prolongement.

Ainsi fut fait. De sa mémoire de prêtre, jamais Pierre n’avait été aussi rapide. Par contre l’intensité émotionnelle nous habitait tous : la lutte de Jean-Charles pour conserver la vie était patente. Ses deux filles, accompagnées de Guy, très émues, participaient aux prières.

Qu’allait-il survenir à la suite de ce sacrement ? Quel sens aurait la venue de l’Esprit de Jésus dans le cœur en danger de Jean-Charles ? Serait-ce un accompagnement sur le chemin conduisant vers l’au-delà ? Ou une aide dans ce combat pour retrouver le rythme autonome du cœur ?

Peu de temps après, Pierre retrouvait les deux filles en prière dans l’oratoire de l’hôpital, au nom bien significatif de « Silence et Prière ». Exprimer une Parole d’Espérance dans le déroulement liturgique d’une célébration ne demande pas d’effort particulier de la part du prêtre. « En professionnel », il fait sienne la prière et l’intention de l’Église. Dans une rencontre plus marquée d’humanité, telle que celle-ci, l’émotion se fait plus grande. Ces deux jeunes femmes lui renvoient les visages de ses proches du même âge ; et peut-être aussi, à la limite de l’inconscient, ceux d’une descendance à laquelle il a renoncé pour servir l’Église ?

Dans une telle circonstance, la tentation est grande de ne pas en rester à la seule présence, à la prière. Or, il n’a pas à se mêler de médecine, tout à fait hors de sa compétence et de sa mission. D’autre part, faire miroiter une hypothétique guérison, n’est-ce pas dangereux ? Que de déçus, voire de révoltés, à partir de prières à base d’espoirs apparemment non exaucées !

Était-ce une erreur, par manque sûrement de réflexion, que d’avoir fait appel à son expérience personnelle ? Lui aussi, voici une quinzaine d’années, avait été soigné dans ce même service réservé aux cardiaques. Et il en était sorti… la preuve. Derrière ce témoignage, peu convainquant au plan de la logique et peut-être maladroit, se cache l’espoir de Pierre qu’il en sera de même pour Jean-Charles.

Et tel fut le cas. Guy, apprenant la nouvelle deux jours après, en fit l'annonce enthousiaste à Pierre. Et aujourd'hui l'Eucharistie, partagée régulièrement avec son épouse, conforte la présence de Jésus dans le cheminement de Jean-Charles vers la guérison.

Le sacrement des malades

Pierre, aumônier prêtre du CHU, est régulièrement sollicité pour donner le sacrement des malades.

Ce sacrement est appelé parfois sacrement de l'extrême-onction, ou encore, les derniers sacrements ; cela met en premier le caractère d'urgence et de gravité de la demande. L'Église s'oriente aujourd'hui vers l'appellation sacrement des malades ; nous sommes peut-être dans l'extrême, nous sommes peut-être au dernier moment, mais nous sommes avant tout dans ***la rencontre*** *avec une personne malade et vivante, qui demande l'appui de Dieu et d'une communauté de frères. L'Église a également modifié son vocabulaire en parlant aujourd'hui de donner un sacrement ; longtemps elle a parlé d'administrer un sacrement. En utilisant le verbe* ***donner,*** *elle met l'accent sur l'humain et sur la relation.*

Le prêtre, et seulement lui, peut donner ce sacrement. Et aujourd'hui, Pierre, sur l'invitation de Guy, l'aumônier laïc qui l'accompagne, agira vite pour ce sacrement, regardant en priorité la fatigue de Jean-Charles.

Le sacrement est, pour le croyant, un rendez-vous privilégié avec celui qu'il nomme Dieu, un temps béni où Dieu vient à l'homme pour lui manifester tout particulièrement sa présence, son amour et sa fidélité. Le sacrement des malades, célébré dans une chambre d'hôpital, est souvent un moment de communion entre les membres d'une famille, entre les personnes présentes, un moment sensible et émouvant qui apporte paix et réconfort pour chacun. L'imposition des mains et l'onction d'huile, tout en ayant une symbolique d'ordre sacré, sont des gestes profondément humains.

Lorsque Pierre impose les mains en touchant délicatement la personne malade sur son front, lorsqu'il prend la main avec attention, pour qu'elle s'imprègne de l'huile, ce n'est pas seulement au nom du Seigneur et comme prêtre qu'il agit ; c'est aussi au nom de l'homme sensible qu'il est. Ce sera aussi au nom de ce père qu'il a choisi de ne pas être que, touché par l'inquiétude des filles, il les réconfortera, évoquant sa propre histoire d'homme au cœur malade et soigné.

Dans ces gestes de tendresse, on pourrait presque entendre ce murmure : « Ne crains rien, ne crains rien, Jean-Charles : nous sommes là avec toi ; quelle que soit la gravité de ton mal, tu appartiens pleinement à la commu-

nauté des vivants ; tu n'es ni rejeté, ni abandonné. Tu es reconnu et aimé tel que tu es, par Dieu et par tes frères en humanité. »

Jean-Charles aujourd'hui, après deux mois d'hospitalisation, va quitter l'hôpital, convalescent et en voie de guérison.

Pierre a répondu à sa vocation d'homme, a fait son métier d'homme, en choisissant d'être prêtre. Il a choisi de renoncer à l'amour charnel, pour l'amour universel. Richesse d'une vie qui se donne tout entière à l'humanité. Une vie qui comme toute vie humaine libre, aime, vibre, s'émeut, désire, s'attendrit, se soucie, s'interroge, dans la fidélité à son engagement au service de l'homme et de Dieu.

Merci, Pierre, d'être celui que tu es.

“ Leur maman et grand-mère s’éteint à l’instant même ”

Pierre célèbre la messe des cendres dans le pavillon des personnes âgées. Des femmes et des hommes encore valides sont là, accompagnés par les bénévoles de l’association Phare. Des personnes plus ou moins présentes à ce qui se passe, des personnes qui ont plus de quatre-vingt ans et sont là, à l’hôpital, car elles ne sont plus autonomes et ont besoin de soins.

Pierre commente l’Évangile : les béatitudes. Heureux en est le mot central. Le bip sonne, et, à l’autre bout de l’hôpital, un soignant me demande de venir vite : une dame de quatre-vingt-sept ans termine sa vie. Elle est en réanimation après un accident, renversée en traversant une rue.

Quand j’arrive, l’infirmière me dit : « C’est la fin, peut-être même le cœur est arrêté, il y a juste encore un peu de souffle aidé par la machine. » Je rentre : au pied du lit, cinq personnes en silence, le fils, la fille et trois petits-enfants. Ils savent que leur maman et grand-mère s’éteint, s’éteint en cet instant même. Ce n’est pas le temps de la parole, ce n’est pas le temps de la présentation, juste le temps de demander le prénom de cette dame allongée : Renée.

Je m’approche de Renée : « Je suis Guy, aumônier de cet hôpital, envoyé par notre évêque et je suis là à la demande de votre famille ; Renée, je suis là pour vous bénir ». Renée a les yeux grands ouverts, de beaux yeux bleus, mais ne réagit pas. Je la bénis, puis, après un temps de silence, je lis le psaume 22[14]. La respiration s’arrête, définitivement. Une infirmière stoppe l’alarme. Je propose de dire ensemble un *Notre Père*.

Puis, en silence, je me recule. Tout le monde est en silence. Une personne sort, je l’accompagne. Je comprends que ma présence n’est plus nécessaire et je m’en vais. Dix minutes peut-être. Cet accompagnement n’a pas duré plus de dix minutes. Et je me retrouve un peu perdu, comme dans un rêve surréaliste. Dans ce silence, dans cette communication si pauvre avec la famille, que s’est-il passé ? Ai-je prié avec d’autres ou fait quelques gestes automatiques, voire magiques ? Je ressors avec une impression d’inaccompli. Je n’ai guère de temps, car un appel me fait plonger dans une autre histoire : c’est un appel bien simple et la vie continue.

Pour moi, cependant, ce si beau texte du psaume, que j’aime tant offrir aux personnes qui partent, je n’ai pas le sentiment d’avoir pu le dire pleinement, et suis reparti en voulant le redire pour Renée.

---

14. Le seigneur est mon berger

Deux jours plus tard, j'assiste au spectacle « Le cri », une mise en scène de cris de désespoir piochés dans la bible. Spectacle qui me touche au moment où, après tant de cris une actrice récite, chante le psaume 22. C'est toute une douceur qui m'émeut, et tout doucement je rejoins Renée et lui offre cette merveilleuse récitation. Ainsi se termine pour moi l'accompagnement de Renée.

Urgence

L'hôpital est lieu de passage. Le malade souhaite vivement après les soins retrouver au plus tôt son « chez soi ». Et parfois, comme pour Renée, c'est le moment de la Pâque, le retour vers le Père.

Ainsi le temps de rencontre avec l'aumônerie peut se prolonger, comme il peut se restreindre. Il arrive que l'appel pour l'intervention, sans cesse renvoyé, arrive bien tard.

De ce fait l'aumônier ressent parfois quelques frustrations, s'interroge sur le sens d'un acte religieux vécu dans l'instant, sans préparation, dans l'inconscience du malade, et avec une suite bien mystérieuse. Cette non-maîtrise d'un cheminement nous rappelle que nous ne sommes que des serviteurs. Nous rejoignons Saint Paul : « Moi, j'ai planté, Apollos a arrosé, mais c'est Dieu qui fait croître… nous travaillons ensemble à l'œuvre de Dieu »[15]*. Nous l'expérimentons déjà en nous passant le relais à l'intérieur de l'équipe d'aumônerie. Nous nous souvenons qu'existent un avant et un après hôpital. Nous sommes loin de la « toute-puissance »…*

15. 1. Corinthiens.3, 5-9

“ Un secret de famille ”

Aujourd’hui je reçois deux sœurs : leur maman de soixante-dix-huit ans vient de décéder et elles me demandent des funérailles religieuses pour elle. Habitant loin de Grenoble, ces deux sœurs pensaient pouvoir préparer ces funérailles par téléphone, mais j’avais insisté pour les rencontrer. Souvent en effet, la préparation des funérailles est un moment extrêmement important de l’au revoir, de l’A Dieu. Occasion d’une parole en vérité, beaucoup plus qu’une simple préparation matérielle d’une cérémonie.

Ce mardi elles sont là, la grande sœur et la plus jeune, sa cadette de vingt ans. Et tout de suite l’aînée va me raconter son histoire : elle n’est pas en paix avec sa maman. Elle ne connaît pas la vérité de sa conception : sa maman avait quinze ans et n’a jamais voulu dire : « Un copain, une aventure sans lendemain, on n’en parle plus » disait-elle ; et cela n’a pas convenu à cette fille, Suzanne, qui sur le tard, il y a dix ans, a cherché la vérité et a su un viol probable par un proche de la famille. Secret non-dit et distance entre mère et fille : « Pourquoi ma mère m’a-t-elle menti ? Rejetée même avec force quand je lui ai parlé de ce que je savais ? ». « Je ne lui ai pas pardonné » disait Suzanne, impuissante devant une maman aujourd’hui décédée.

La sœur cadette écoute, son problème à elle n’est pas là, elle veut me dire la culpabilité qu’elle a d’avoir choisi une incinération pour Marguerite, sa maman : c’était plus facile, moins cher, compte tenu du manque d’argent, mais sa maman avait peur des flammes. La veille de sa mort, alors que l’espoir d’une guérison après l’opération était fort, Marguerite avait vu des ombres, avait vu des défunts proches et avait eu peur des flammes.

Il m’est apparu alors qu’il y avait besoin, un grand besoin de mettre de la lumière ; besoin de dire à Suzanne combien pour sa maman, être enceinte à quinze ans a dû être difficile, et qu’elle a dû vivre sa grossesse avec la culpabilité de porter un « enfant de la honte » et qu’ensuite elle avait très certainement voulu protéger cette enfant. Les témoignages reçus par Suzanne étaient sans doute suffisants pour croire à ce viol probable. Mais cela c’était l’histoire de Marguerite, pas son histoire à elle. Toute vie étant sacrée, sa vie à elle, Suzanne, est infiniment précieuse quelle qu’en ait été la conception. Et sa maman lui léguait la liberté d’être pleinement elle-même, une fille aimée, et une fille qui n’a pas à porter l’histoire de sa maman. Et en se fâchant quand le sujet a été abordé, sa maman a voulu très certainement, et avant tout, encore protéger son enfant. De la même façon, n’avait-elle pas encore eu cette attitude de protection envers sa sœur cadette, quand, la veille de sa mort, elle lui avait demandé de ne pas prendre la route par ce temps neigeux d’hiver pour la visiter ?

Dans le silence Marguerite a assumé ce viol et ses conséquences. Mais ce mensonge de protection n'a-t-il pas permis que, d'une histoire douloureuse, naisse une autre histoire mystérieuse et belle, celle-là... celle de la vie de Suzanne ? Mais cette maman angoissée ignorait que la conversion pouvait se faire dans la lumière de la vérité. À l'heure de sa mort Marguerite voit des ombres. L'idée de la faute est encore là, puisque la lumière n'a pas été faite, le viol probable non jugé. Marguerite porte ce lourd secret qu'elle ne voulait pas faire peser sur sa fille. Et Marguerite a peur des flammes : comme une vision de l'enfer ?

Chaque année, pour Marguerite, la fête des rameaux était une fête importante : ce qu'elle demandait ? C'était la messe, avec la bénédiction de l'eau, et la bénédiction de la foule.

Je dis alors à la cadette que ce qui me semble important, face aux flammes que craignait sa maman, c'est l'eau, l'eau bénite : Marguerite en ressentait sans doute le bienfait. Comme cette foule qui voyait Jésus aux rameaux, elle l'attendait. Et que la bénédiction était aussi le signe du baptême, source de résurrection.

Aussi, pour la cérémonie des funérailles, c'est sur l'eau que je propose de mettre l'accent. Je bénirai, puis pour commencer j'appellerai la lumière. Je parlerai aussi du souci qu'avait cette maman de protéger ses deux filles. Pour le texte d'Évangile, je propose : « Venez à moi, vous qui peinez sous le poids du fardeau »[16].

Les deux sœurs acquiescent. Elles me paraissent infiniment proches l'une de l'autre. Et c'est bon d'être témoin de cela.

Après la cérémonie, le fils de Suzanne vient me parler et me dit : « Depuis hier (où nous avons préparé ce temps de funérailles) ma mère est transformée, elle est réconciliée avec ma grand-mère. » Suzanne vient vers moi et me dit : « J'ai pardonné à ma mère, et on va continuer les belles choses qu'elle nous a apprises. Je n'avais jamais pensé que son mensonge pouvait me protéger. »

La sœur cadette revient vers moi, elle n'est pas complètement apaisée en pensant à sa maman : « Va-t-elle m'en vouloir de l'incinération ? »

Pour moi, il y a une telle conversion dont je suis témoin que j'affirme : « Votre maman au ciel ne voit plus les choses de la même façon, elle aussi accède à une vérité pleine et entière, elle peut voir le Christ à l'œuvre » et je lui dis : « Tout ce que vous avez fait pour votre maman, c'est bien ».

C'était pour moi aussi une très belle cérémonie : voir le Seigneur à l'œuvre est une immense joie pour l'aumônier. C'est cette joie qui lui donne la force de continuer en dépit des souffrances qu'il rencontre.

---

16. Matthieu 11, 25-28

Chemin de vie

Ignace de Loyola, dont la spiritualité est reconnue par l'Église catholique, parle du cadre favorable. Cadre favorable pour qu'une parole vraie se libère, pour que la vie circule de mieux en mieux. Le temps de préparation d'une célébration de funérailles, temps autour de la mort, peut se révéler, paradoxalement un temps de vie et de renaissance. Par sa disponibilité, sa bienveillance et son discernement, l'aumônier a révélé et permis qu'un chemin de vie s'ouvre. Discernement pour regarder la beauté de la vie bien au-delà de son origine, pour regarder la grandeur d'une femme blessée dans son intimité la plus profonde, pour voir la mère qui protège plutôt que celle qui ment. Discernement aussi pour mettre l'accent sur la bénédiction de l'eau, l'eau de la vie, l'eau qui éteint le feu. D'une blessure enfouie, immense, d'une culpabilité mortifère, est née une invitation à comprendre, et à vivre plus pleinement encore. Et merci à toi, fils de Suzanne, d'être venu si simplement parler à l'aumônier de ta maman transformée et réconciliée ! Quel bien tu lui as fait !

“ Parole libérée qui devient prière ”

Cet écrit est fait à partir de l’écoute d’un homme, prêtre aveugle et diabétique de quatre-vingts ans, qui n’a plus toute sa tête, dont les souvenirs se mélangent et, à leur évocation, se transforment dans une prière au présent. À lire avec attention tout comme l’écoute de l’aumônier discret à ce moment-là, juste catalyseur d’une pensée embrouillée qui donne naissance à une prière que Michel seul peut dire :

« J’ai appris que j’étais foutu, puis je perds la vue. Il y a de quoi se flinguer. J’ai eu beaucoup de chance car ce n’a pas été ça...

Le Seigneur m’a dit « Michel »...

Seigneur je n’ai jamais eu tant besoin de toi...

Un jeune est opéré du foie, de la vésicule biliaire, il est trop jeune, c’est une plaisanterie, sur ce j’ai repris courage. J’ai repris les prières sans gloriole...

Combien je me sens accompagné à l’Action catholique ouvrière (ACO)...

Le diacre m’a donné la parole. J’ai parlé. J’ai commencé par dire, c’est plus fort que moi : je te remercie, Seigneur, parce que tout ce que tu m’as donné, tu l’as repris ; je te remercie, Seigneur, parce que la vie que tu m’as livrée continue de prospérer et de se développer.

Je continue, Seigneur, parce que tu m’as donné la vie, sans elle je ne serai pas là.

Je te remercie, Seigneur, parce que sans toi je n’aurais pas la vie et je te remercie parce que tout ce que tu m’as donné vient de toi.

Je ne te demande qu’une chose, Seigneur, dans la mesure de ma foi, augmente ma foi en toi et fais-la moi vivre avec de l’amour, de la solidarité, je ne demande rien d’autre, mon Dieu. »

Contempler

Tout est dit.

Parole d’une personne malade, dont l’esprit semble battre parfois la chamade, et qui pourtant sonne tellement profonde.

Parole d’une personne qui se sent, se sait écoutée.

Il n’y a rien à en dire, juste peut-être à constater, s’étonner, s’interroger, s’émerveiller, contempler.

Et remercier.

“ Un homme entravé ”

Ce dimanche, je vais porter la communion à Gabriel, prêtre âgé, malade et qui perd ses facultés.

Je rentre dans la chambre, Gabriel est alité la tête très en arrière, la bouche sèche. La veille, le samedi, j'étais passé, j'avais proposé la communion, un tout petit bout d'hostie, et il m'avait dit oui. Gabriel ne sait plus où il est, ne sait pas bien qui je suis, ne comprend pas que la communion, ce ne soit pas lui qui la donne. Néanmoins son oui était pour moi la porte d'entrée nécessaire pour lui porter la communion.

Ce dimanche, tout l'esprit de Gabriel est concentré autour de son bras droit : je m'aperçois qu'il est entravé et je l'entends dire : « J'y arriverai » en cherchant à libérer sa main ; toute son attention est concentrée sur cela. Je lui explique que c'est pour le protéger, et essaye de faire diversion en proposant de réciter un *Notre père,* que Gabriel récite comme par automatisme, en cherchant toujours à se désentraver. Je sens que les conditions ne sont pas réunies pour offrir la communion, je le salue et sors.

Le dimanche soir, je suis pris d'un sérieux remords : Gabriel est prêtre, et je ne lui ai pas porté la communion, le pain pour le chemin, ce pain si important pour lui qui a célébré cette eucharistie toute sa vie. Aurais-je manqué de foi au point de ne pas donner le corps du Christ, même dans ces conditions difficiles ? De quel droit me suis-je arrogé le pouvoir de donner ou non le sacrement ? Dieu n'était-il pas capable d'en faire son affaire ?

Qu'est ce qui m'a empêché, alors que la veille cela était possible ?

Lentement remonte en moi le côté insupportable de l'entrave. J'avais déjà évoqué un cas en supervision : nous avions abordé la légitimité de cette façon de faire, avec toute la parole qui accompagne. Et en sortant de la chambre de Gabriel, j'avais dit à l'infirmière qui passait : « C'est insupportable de voir cela » et d'entendre la réponse convenue : « C'est pour son bien ». J'avais alors rajouté : « Je sais et ce n'est pas amusant de devoir le faire, bonne fin de journée ». J'avais eu à ce moment-là un éclair de lucidité qui m'avait empêché de faire porter le poids de ma gêne sur cette soignante. Et j'avais fui ce qui était insupportable.

C'est cela qui est le plus difficile pour moi à l'hôpital, c'est l'entrave à la liberté, comme si la maladie n'en apportait pas déjà assez. La liberté de l'autre, c'est pour moi le bien le plus précieux à respecter. La liberté, cela touche à la vie elle-même, à ses conditions d'épanouissement, cela touche à l'intimité de l'élaboration d'une décision que l'on prend pour soi. Choisir les limites d'un cadre est avant tout un acte personnel pour trouver de la liberté à l'intérieur même de ce cadre. « Comme il est resserré le chemin qui conduit à la vie » nous propose l'Évangile du jour[17]. Et cet homme-là il me semble qu'il n'a rien choisi.

Alors, comme par résonance, c'est moi qui me sens entravé. Ce jour-là je suis incapable de prendre la place de l'autre, incapable de me sentir dans le lit, entravé. Entravé/entravé par analogie aurait dit le père Piquet. Mis au piquet en quelque sorte. Avec le bonnet d'âne pour finir... incapable de proposer la communion parce que moi, je n'allais pas rajouter un geste forcé : à quoi rimerait de mettre une hostie sur la langue de cet homme qui est ailleurs ? Je n'allais pas, sciemment, imposer cela, en plus, en m'obligeant à croire que cela était bon, comme je devais m'obliger à croire qu'une entrave était bonne, et cela non ! Définitivement non ! Je n'y arriverai pas.

Alors, révolté par la vue de cet homme entravé, privé de sa liberté, j'ai perdu ma liberté intérieure, le recul nécessaire pour aller à l'essentiel, pour oser poser une question plutôt que donner ma réponse : voulez-vous l'eucharistie ? Présenter l'hostie et attendre le moment où, conscient que je suis là, Gabriel pourra me répondre ou même aller plus loin au cœur de la souffrance causée par la présence de l'entrave, en demandant par exemple « pourquoi vouloir retirer ce qui protège votre vie ? ». Poser les vraies questions à quelqu'un que je dois regarder comme un être potentiellement encore libre, et non définitivement entravé. Retournement du regard, conversion à 180°. Comment le ferais-je si je ne mets pas en mots, pour moi, ce qui est inacceptable ? Et moi, où ai-je trouvé ma liberté quand, à deux ans, j'ai été empêché d'aller sur le balcon ? Balcon interdit, mon désir inentendable... Ma colère était si forte que son souvenir, cinquante sept ans après, est encore présent. Alors, repartir dans la colère et fuir ? Est-ce cela ma réponse préprogrammée ?

La mise au travail, elle est là : séparer ce qui m'appartient de ce qui appartient à Gabriel. Et Gabriel je vais pouvoir le revoir sereinement, lui demander pardon pour dimanche, et pouvoir aller au bout de **sa** liberté de recevoir ou non l'eucharistie.

La relecture faite en équipe, et aussi avec Chantal mon épouse, me permettent d'écrire ces quelques mots. Je les partage bien volontiers car écrire me permet de voir plus clair en moi.

Ce mardi, c'est Geneviève qui visite et prend la parole

Ma visite d'hier auprès du père Gabriel a été très belle. Il était toujours entravé mais ne s'en défendait pas. Dans sa chambre, le seul livre présent, c'est son bréviaire.

Alors hier, je lui ai proposé de prier les vêpres avec lui : moi, priant effectivement avec mes lèvres et lui s'associant avec moi pour porter cette prière

17. Matthieu 7, 13-14

au Père. Après tout, un prêtre s'engage à prier le bréviaire tous les jours et non pas à dire la messe tous les jours.

J'ai chanté une bonne partie des vêpres. Est-ce la psalmodie, est-ce qu'il était un peu mieux, en tout cas il est resté très calme et très présent, même souriant par moments.

Un infirmier qui est entré à ce moment-là en a même profité, et n'a pas voulu interrompre cette prière. Il est resté dans la chambre en attendant la fin.

Le père Gabriel m'a fait un sourire quand je suis partie.

Mercredi, après cela, je retourne visiter le père Gabriel

En garçon confiant, j'ai suivi l'exemple de ma « grande sœur » Geneviève et suis allé pour lire la prière du soir. Le père Gabriel dormait légèrement et, quand je lui annonce ma présence, il entrouvre les yeux ! Que n'ai-je fait ! Assez vite, il lutte contre l'entrave. Je reste serein et lui propose la lecture du bréviaire, ce qu'il accepte ; longue lecture entrecoupée de gémissements et plaintes ; je prends sa main mais il poursuit le mouvement. Je lui parle alors de ses entraves, si difficiles à accepter, et il hoche la tête. La prière continue, enrichie des gémissements ; ma parole et la sienne ne faisant plus qu'une car j'acceptais ces gémissements et l'accompagnais dans sa plainte.

Pour le bénir, je trace le signe de croix sur son front, puis peu à peu le sommeil revient. Je reste et le berce du regard, me rappelant les nuits passées à bercer mes enfants quand, bébés, ils pleuraient la nuit. Je me suis rappelé cette patience infinie que j'avais eue alors et qui allait de soi ; j'ai pris alors le temps de bercer du regard le vieux pasteur malade, et quand les ronflements puissants sont arrivés, je me suis éclipsé. J'avais accepté pour moi l'entrave. Il m'en reste cette prière portée par les gémissements.

Et ce soir c'est OK. Merci seigneur. Merci Geneviève

Liberté retrouvée

La maladie de Gabriel désoriente et atteint sa liberté d'homme prêtre. Le « prendre soin », dans l'hôpital, amène parfois à attacher le patient à son lit. Mais souvent, le malade a de la peine à le supporter, et c'est aussi pénible pour celui qui vient le voir.

Quand l'aumônier arrive, toute l'attention de Gabriel est prise par son entrave. Quelle peut être l'efficacité d'une explication à une personne qui perd ses repères ? Qu'est ce qui permettrait à la personne de retrouver un certain calme pour qu'une relation puisse s'établir ?

Ce jour-là, l'entrave du malade entrave la liberté de l'aumônier qui vient. Il repart. Il décide que cela suffit, en laissant la place, le jour suivant à celle qu'il nommera « sa grande sœur ». Entre-temps, il s'engage dans un chemin de vérité-humilité qui lui fait prendre en compte **sa vulnérabilité,** *l'ouvre à sa liberté et à une nouvelle rencontre.*

Il va cette fois sur les traces de Geneviève. Il entre dans la prière du bréviaire. Même les gémissements et les plaintes deviennent prière, qui se conclue par la bénédiction.

Les deux hommes peuvent se séparer paisiblement dans une liberté en Dieu retrouvée.

© Timothée Boisseau

“ Dominique m’a plus appris en quelques heures, que la vie en trente-cinq ans ”

Un samedi d’astreinte. Appel de l’unité de néonat pour venir baptiser un bébé qui vient de naître et qui ne vivra pas.

Ce bébé s’appelle Dominique.

Quand j’arrive dans le couloir, j’entends des murmures, vois des personnes, pressens que ces hommes et ces femmes ont un lien avec Dominique et sa famille. Je m’approche, essayant de cacher l’inquiétude qui monte en moi, en marchant calmement.

« Reste avec nous, Seigneur, car le soir vient et la journée est déjà avancée. »

Le soir vient : le soir des scandales, des insupportables, des absurdes, des sans réponses. Oh oui, reste avec nous mon Dieu. Reste avec moi pour que je ne me dérobe pas à ce qui va m’être demandé, pour que je ne fuie pas ce lieu de hurlements. Reste avec nous, pour qu’une espérance surgisse de quelque part, pour que ce ne soit pas l’absurde qui triomphe.

Je frappe et le « Entrez » qui m’est dit me permet d’ouvrir la porte de la chambre.

Une jeune femme est allongée sur le lit, et tout contre elle, une petite fille. Un monsieur est là aussi, debout, tourné vers la fenêtre ; il ne se retourne pas à mon entrée.

« Bonjour, je m’appelle Anne et je fais partie du service de l’aumônerie du CHU. » Aussitôt, le regard de la maman s’emplit de larmes.

L’homme, le papa, se retourne, prend la petite dans ses bras et lui dit : « Tu vas aller dans le couloir avec papi et mamie, nous, on va parler avec la dame ». Le temps d’un baiser sur les cheveux blonds, et la porte est déjà refermée. Nous voilà tous les trois, et j’appréhende le temps qui s’ouvre devant nous.

C’est la maman qui ose balbutier les premiers mots : « Est-il possible que notre bébé soit baptisé ? Les docteurs nous ont dit tout de suite qu’il ne vivrait pas longtemps. Il est pour l’instant en réanimation néonatale, intubé. Il a été transporté là-bas dès sa naissance. Son cerveau est complètement atteint. Il va être débranché bientôt. »

Jamais, jamais, je ne pourrais accueillir paisiblement de telles paroles. J’aimerais hurler, tellement hurler… Mais pourquoi, pourquoi des parents ont-ils à vivre de pareils scandales ? Pourquoi, pourquoi ce tout-petit qui arrive à la vie doit-il déjà la quitter ? **Pourquoi ?**

Le papa n'a pas dit un mot. Je le sens, je le vois, complètement fermé, crispé.

Mon regard cherche celui de la maman : « Je peux vous demander votre prénom ? »

« Valérie. Et mon mari, Bernard ».

« Bien sûr que nous allons baptiser votre bébé. Je sais que vous l'avez appelé Dominique. Nous allons prendre le temps qu'il faudra pour cela. Avez-vous choisi un parrain et une marraine pour lui ? »

Pour la première fois, le papa prend la parole, tranchante, lapidaire : « Non, de toute façon, ça sert à rien ».

« Je crois que cela a toute son importance, au contraire. Pour vous, pour Dominique, choisir des personnes qui vont penser à lui, à vous, dans votre histoire si particulière, qui vont l'aimer, et vous aimer d'une manière privilégiée, cela a tout son sens, vraiment. »

Il y a dans l'air comme une fenêtre entrouverte, comme un tout petit relâchement de la tension ambiante. J'ai la vision de portes d'une écluse qui s'ouvrent lentement et de l'eau de la rivière qui coule à nouveau.

Le papa regarde sa femme, tous deux citent des prénoms. Il sort dans le couloir, échange des paroles, revient accompagné de deux membres de la famille : la sœur de Valérie, et le papa de Bernard. Avec une grande émotion, Valérie leur demande s'ils acceptent d'être la marraine et le parrain de Dominique. Il n'y a pas de mot mais un hochement de la tête, grave, vrai. Un silence tellement signifiant.

Je propose que Floriane, la grande sœur de trois ans de Dominique, prépare un dessin, si elle veut bien, pour son petit frère.

Nous choisissons un passage d'Évangile, où Jésus bénit les enfants et prend leur confiance en exemple[18].

Puis, en accord avec les soignants, nous partons, à dix, en réanimation néonatale. Temps hors du temps que cette marche ensemble, au pas lent de la maman, où règne le silence. Temps surréaliste où nous nous avançons pour célébrer la vie de Dominique et son entrée dans la famille des chrétiens, en dépit de l'inexorable diagnostic du corps médical.

Croire et témoigner de l'espérance chrétienne au cœur du scandale, au cœur de la mort qui vient.

« Ce qu'il y a de fou dans le monde, voilà ce que Dieu a choisi ; ce qu'il y a de faible dans le monde, voilà ce que Dieu a choisi ».

---

18. Marc 10, 13-16

Oh, mon Dieu, fais-toi proche, tendre et présent à cette épreuve inacceptable.

Frédérique, la puéricultrice qui s'occupe du petit Dominique depuis son arrivée, nous accueille avec calme, disponibilité, et sourire. « J'ai installé Dominique dans un box seul, pour que vous puissiez prendre votre temps, tranquillement ».

Floriane a fait un dessin : un gros cœur, de grandes fleurs en couleurs, et une écriture : Pour le bébé, Floriane.

Frédérique part chercher du scotch, et fixe le beau dessin offert sur la couveuse. Ce geste nous rassemble ; il introduit la célébration du baptême. Dominique est dans les bras de sa maman ; plus de tuyau ni de fil. Et dans la pièce, plusieurs savent ce que cela signifie : la vie va s'arrêter.

Frédérique a choisi de rester pour le baptême. Frédérique a vingt-trois ans, et n'a pas d'enfant.

Baptême, temps de paix, temps où chacun s'approche, caresse, parle, bénit cette petite vie si fragile, si fragile…

« Dominique, tes parents t'ont donné un beau prénom. Saint Dominique était un enseignant, qui a beaucoup réfléchi et médité sur le mystère de Dieu » et plus tard, « Dominique, je te baptise au nom du Père, du Fils et du Saint-Esprit ».

Paix et angoisse se rencontrent ; il y a **de l'insupportable et de l'immense** dans ce temps. « Le loup s'étendra près de l'agneau »,… nous dit Isaïe[19].

L'un après l'autre, chacun se retire.

Valérie reste avec son petit qu'elle garde tout contre elle. Petit Dominique dont le rose des joues s'efface lentement, dont la respiration ralentit. Valérie regarde son petit dont la vie part peu à peu.

Marie au pied de la croix.

Bernard est sorti, et revient : « Allez Valérie, ça suffit ; il a eu le baptême comme tu voulais, on part maintenant. »

Et je sens combien cette maman est déchirée, perdue.

Il se passe alors quelque chose qui sera gravé en moi pour toujours : Frédérique, du haut de ses vingt-trois ans, s'avance et dit : « Ne vous inquiétez pas, allez avec votre mari. Je suis là, je vais rester avec Dominique. Jusqu'au bout. Je serai avec lui, je le tiendrai dans mes bras. Jusqu'au bout. »

Avec une délicatesse infinie, Frédérique prend doucement ce tout-petit des bras de sa maman, l'invitant à aller de l'avant et à suivre son mari.

---

19. Isaïe 65, 25.

J'ai raccompagné Bernard et Valérie dans le sas d'entrée. J'entends encore ce papa me dire : « Dominique m'a plus appris de la vie en quelques heures que je n'en ai appris en 35 ans ».

Mon Dieu, je remets entre tes mains, Valérie, Floriane, Bernard, la part d'inconsolable qui entre désormais dans leur histoire, et la vie aux ressources insoupçonnées, capable de traverser les errances et les sans-réponses, cette vie dont tu nous fais cadeau.

Quand je reviens, Frédérique est assise dans le fauteuil, et tient tout près d'elle petit Dominique. Elle caresse son visage, sa tête, murmurant tendrement, régulièrement, des larmes coulant sur ses joues : « Tout va bien petit bonhomme. N'aie pas peur, je suis là, avec toi, ça va aller ».

Marie au pied de la croix.

Frédérique est restée jusqu'au bout. Dominique a rendu son dernier souffle vingt-cinq minutes plus tard.

Frédérique s'est faite proche, tendre et présente, accompagnant, adoucissant l'inéluctable. Je ne sais pas vraiment ce qu'est la prière de demande et ce qu'il faut attendre d'une demande que nous, les croyants, pouvons adresser à Dieu.

Mais, Frédérique a été la réponse que Dieu a faite à ma prière, je le crois.

Colère

Et nous aussi, à partir de ce témoignage émouvant, pouvons beaucoup apprendre, et revoir nos schémas préétablis…

Quel rôle donnons-nous, par exemple, à un parrain et une marraine ? Si c'est celui de gâter l'enfant, ils ne sont pas en effet nécessaires pour un enfant qui va mourir. Si c'est celui de soutien, de relation particulière avec l'enfant, la mission demeure, et plus que jamais, auprès des parents, et de ce petit Dominique dont le souvenir doit rester vivant, spécialement auprès de Floriane, sa sœur.

Nous découvrons par ailleurs le rôle important de Frédérique, la puéricultrice, intégrant ses compétences professionnelles dans sa relation pleine d'humanité avec des parents désemparés, lesquels vivent l'épreuve d'une manière différenciée et complémentaire : le père tente d'aider la mère à se séparer de son enfant. Il lui revient de remplir cet office dans toute vie d'homme qui grandit.

Et l'Église est présente au sein de ce drame humain, portant le visage d'une aumônière touchée dans sa sensibilité, révoltée, donnant le dernier mot à la foi et à l'espérance.

“ Revivre après quatre-vingts ans ”

Paul est hospitalisé depuis trois semaines déjà lorsque nous sommes appelés. Paul est un monsieur de quatre-vingt-deux ans, bon chrétien comme on dit, bon père de famille, bon voisin, soucieux des affaires de sa commune.

Il a une « cochonnerie » au-dessus de l’œil, une infection superficielle mais qui peut atteindre le cerveau. Il en est handicapé, mais pas tant. Il est surtout dans l’incertitude : va-t-il guérir ou le mal va-t-il l’entraîner vers la fin de vie ? Il comprend peu à peu, suite aux traitements sans grands succès, que les médecins ne savent pas bien. Qu’il faut du temps ! Et comme il a un germe infectieux, c’est l’isolement. Devant lui un mur blanc de chambre. Sa vie perd sens, même si sa famille le visite bien régulièrement et lui montre une vraie affection.

Il perd le goût à la vie et croit comprendre que la médecine ne peut rien pour lui. D’ailleurs, il est question de l’envoyer dans une maison de repos. Sa place n’est plus l’hôpital puisque le seul traitement est de nettoyer la plaie, là où elle affleure.

« Je n’arrive plus à prier » dit-il à l’aumônier. « Je n’arrive plus à faire ma prière le soir », dit-il, lui qui toute sa vie y était fidèle. C’est devenu pour lui comme une récitation sans sens.

L’aumônier écoute, écoute encore et lui propose de dire un *Notre Père,* lui propose cette fidélité à la prière, même si elle n’a plus de sens aujourd’hui, juste pour pouvoir dire : « Seigneur, entend ma pauvre prière, et viens l’habiter là où moi je n’arrive plus à l’habiter ».

De visite en visite, après un temps d’écoute, un long temps d’écoute, il y aura un *Je vous salue Marie,* prière pleine de douceur. Jusqu’au jour où Paul dira : « Aujourd’hui la prière avait du goût ». Mot extraordinaire « du goût ». Un mot simple et tout est changé. Du goût, comme une nourriture appétissante, une nourriture qui se déguste. Une nourriture de vie.

Paul sortira de l’hôpital, sa fille l’emmènera un jour chez lui et un voisin lui dira : « Paul, nous vous attendons, vous allez revenir n’est-ce pas ? Vous nous manquez ». Parole bien ordinaire, parole maladroite penseront certains car Paul n’est pas là pour se réinstaller chez lui. Mais parole de vie. D’un coup Paul se dit : « Je vis, je suis là pour vivre. Les incertitudes sur mon avenir, peu importe. Je vis. »

Et quand Paul reviendra à l’Hôpital pour des traitements plus sérieux concernant cette infection qui ne guérit pas mais se stabilise, c’est un autre homme. Il a accueilli son état, il a accepté les antibiotiques qui lui abîment les intestins et l’obligent à vivre non loin des toilettes.

Mais Paul vit. Il a entrepris d'écrire ses mémoires. Il ne se souvient plus de cette prière à Marie où le goût est revenu. Mais ce qui est sûr, c'est que le goût est là, il est la vie remise à flots dans l'écriture.

Et quand l'aumônier le voit à sa table d'écriture, au pied du lit d'hôpital, avec vue sur les montagnes, il ne peut s'empêcher de lui dire : « Comme j'aimerais être à votre place, Paul ». Parole osée face à un malade pas très valide, âgé et sans pronostic pour l'avenir. Mais ce qui transparaît, c'est **la force de vie,** c'est **le goût,** c'est l'eau transformée en vin, à l'image de Cana[20].

Merci Paul, merci Marie.

Vivre est une traversée vers l'inépuisable

Il arrive parfois que notre course de vie soit ralentie, interrompue. La secousse est rude. Que signifie alors être vivant ?

Paul, homme bien vivant, investi dans ses liens familiaux, amicaux, politiques, se réveille avec un ennui de santé. Sa vie bascule, bascule vers l'inquiétude, l'incertitude, la fragilité.

Paul perd le goût des choses et le sens de sa vie.

« Je n'arrive plus à prier » : souffrance, découragement humblement exprimés de ce chrétien fidèle depuis tant d'années, qui s'en ouvre simplement à l'aumônier présent.

Mystère d'une rencontre qui consent d'abord à rejoindre la blessure et à accueillir l'errance.

Mystère d'une rencontre humble et confiante.

Mystère d'une rencontre qui ose et invite à s'ouvrir à l'autre, au Tout Autre.

Mystère de la force de vie qui revient peu à peu. Joie d'être vivant, goût de vivre. Renaissance.

L'aumônier sera émerveillé de ce jaillissement et en témoignera.

Par la mère apprenant que son fils est guéri,
Par l'oiseau rappelant l'oiseau tombé du nid,
Par l'herbe qui a soif et recueille l'ondée,
Par le baiser perdu par l'amour redonné,
Et par le mendiant retrouvant sa monnaie,
Je vous salue Marie.

Francis Jammes chanté par Georges Brassens

Vivre est une traversée vers l'inépuisable.

20. Évangile selon St Jean 2, 8-10

“ Un accident et la vie bascule ”

Ce lundi matin, quand j’arrive à l’aumônerie de l’hôpital, un mot de Geneviève attend sur le bureau. Geneviève est un membre de l’équipe d’aumônerie du CHU, comme moi. « Anne, hier, après la messe, j’ai longuement discuté avec un couple, Marc et Chantal. Leur fils Denis est hospitalisé depuis plusieurs jours. Il a trente ans. Il y a trois ans, il a été fauché par une voiture, conduite par un monsieur de quatre-vingt-trois ans. Il marchait sur le côté de la route avec son fils de deux ans, Yann, et allait retrouver sa femme dans le champ voisin. Leur petit est mort sur le coup. Lui est paralysé des membres inférieurs. Il a été opéré en début de semaine pour la quatrième fois. Il va bientôt partir en maison de convalescence, mais Marc et Chantal aimeraient qu’on essaie de le rencontrer. Ils préféraient que l’on passe lundi. Alors, comme c’est ton jour de travail, je te le confie. Bon courage pour cette visite. Geneviève. »

S’il n’y avait pas cette demande toute simple d’un membre de l’équipe, cette confiance qu’a ma collègue que je me rendrai bien sûr dans cette chambre, jamais je crois, je n’aurais eu la force de frapper à la porte de Denis. Comment aurais-je osé aller de moi-même à la rencontre d’un tel scandale ?

Cette confiance immense de Geneviève qui ne doute pas un instant de la présence que je peux assurer, cette confiance me donne le courage d’avancer dans les couloirs de l’unité où se trouve ce jeune papa.

De loin, je vois la porte de la chambre entrouverte, et me vient à l’esprit que peut-être, Denis est déjà sorti.

Je m’approche et aperçois un homme dans son lit et un couple à ses côtés.

« Mon Dieu, je ne lâche pas ta main, et tiens fort la mienne ».

« Bonjour, je fais partie de l’équipe d’aumônerie de l’hôpital. Je m’appelle Anne. »

Des mains se tendent, des regards se rencontrent. « C’est Geneviève qui vous envoie ? » puis aussitôt « Nous vous laissons ».

Quelques secondes à peine se sont écoulées, deux phrases échangées, et me voilà seule, porte fermée. Seule avec Denis, avec ce papa et son insupportable histoire. Denis allongé dans son lit. Denis qui n’a pas dit un mot encore.

Me vient une foule de questions : est-ce que Marc et Chantal ont parlé de Geneviève, ou de l’aumônerie à leur fils ? Denis attend-il notre passage ? Denis est-il croyant ? Pourquoi ses parents sont-ils partis si vite ? Et encore : que dire ? Comment entrer dans cette rencontre ?

Mon regard se pose sur Denis, et en un instant, ce n'est plus la panique d'une visite terriblement difficile, mais **l'espoir d'une rencontre fraternelle,** au-delà de la violence de l'histoire. Je m'approche, m'assieds près du lit.

« Vous connaissez mon histoire ? »

J'hésite à peine avant de répondre : « Est-ce que vous voulez bien me la raconter ? »

Et Denis me parle, me raconte comment sa vie a basculé ; d'une vie de joie à une vie de vide, et sans avenir. Il me dit combien c'est difficile pour lui de parler, combien c'est difficile de vivre et de croire en la vie, d'espérer en la vie. Il parle sans animosité, sans rancœur. Il n'en veut pas à ce vieux monsieur. Il n'en veut à personne. Quand Denis se tait, un moment de silence s'installe, qui fait du bien et permet de reprendre souffle.

« Qu'est-ce qui vous fait tenir, malgré tout, dans cette vie, alors ? »

Denis n'hésite pas : « Il y a quatre personnes à qui je dois d'être encore là : ma femme Laurence, qui ne m'a pas quitté, qui n'est pas partie. Elle est restée, et elle ne m'a jamais accusé de rien. Il y a Nina, notre petite fille de sept mois, miracle de la médecine. Quand Nina tend ses bras vers moi, m'appelle, me sourit, je recrois en la vie. Et il y a mes parents. Ils ont toujours été là. »

Alors, sans que je prenne vraiment le temps de réfléchir, je dis à Denis : « Je ne sais pas si vous êtes croyant, Denis. Je ne sais pas si vous connaissez les Évangiles. Il y a l'histoire d'un homme paralysé qui ne demande rien à personne, mais ses amis eux, ont un désir pour lui : qu'il s'approche de Jésus en qui ils ont confiance, et qu'il vive. Pour cela, ils se mettent à quatre pour le porter sur son brancard ; ils sont ses compagnons de route, et grâce à eux, l'homme rencontre Jésus et cette rencontre le rend plus vivant, plus heureux, plus conscient de sa vie. »[21]

Qu'est ce qui m'a pris de partir là-dedans ? Était-ce du prosélytisme ? N'avais-je pas à me taire et à laisser Denis s'exprimer pleinement ?

« Le vent souffle où il veut… et toi, tu entends sa voix, mais tu ne sais pas d'où il vient, et tu ne sais pas où il va, le vent… » Confiance que ce qui nous vient peut être parfois juste et bon.

Denis ne reprend pas la parole.

Il pleure.

Je reprends la parole : « Voulez-vous que nous priions ensemble ? »

Denis pleure toujours, mais il me répond :

« Moi, je ne peux plus parler à Dieu. Mais je veux bien que vous le fassiez pour moi. »

---

21. Marc 2, 3-5

Alors, avec crainte et confiance tout à la fois, je m'adresse à ce Dieu qui s'est fait homme, a pris à bras-le-corps les souffrances des hommes, et je prie à haute voix. Je rends grâce pour le miracle de la médecine et le sourire de Nina qui aide Denis à vivre, je rends grâce pour la fidélité de Laurence et pour l'amour agissant en l'homme, je rends grâce pour Marc et Chantal qui tiennent bon. Je prie à haute voix pour que Denis entende, et entre, peut-être, dans cette prière, dans cet élan vers Dieu, pour que dans cet insupportable, inacceptable, surgissent une naissance, une espérance. Il n'y a pas de malédiction, pas de verrou à jamais fermé. Toute vie, surtout la plus brisée, éclaboussée, fracassée, est infiniment précieuse, a du sens et est appelée à la dignité et à la liberté.

Ce sont ces vies-là qui nous poussent au plus loin de notre humanité.

Quand je quitte la chambre, Denis est toujours dans les larmes. Il a pris le temps de murmurer un « merci », merci que je lui dis aussi.

Denis, Dieu sait où la vie vous a mené aujourd'hui, mais mon espérance pour vous est que vous continuiez à explorer cette vie, avec ses incompréhensions et son infini mystère, avec ses lapidations et ses ressources insoupçonnées.

Délicatesse du regard et rencontre

L'appel à l'aumônerie ne vient pas du malade mais de ses parents qui ont parlé à Geneviève après la messe dominicale.

Anne, le lundi matin, découvre cette demande qui décrit la situation de Denis accidenté.

Ce qu'Anne apprend par ce message lui pose bien des questions sans réponse.

Elle trouve la force dans la confiance que lui témoigne l'équipe à travers Geneviève.

Quand Anne entre dans la chambre, les parents de Denis qui étaient là s'en vont.

La rencontre s'ouvre par le regard d'Anne qui se pose sur Denis (cf. « Jésus l'ayant regardé, l'aima » Mc10, 21) et par le rapprochement (elle s'assied à côté de lui). Il est aimable et capable d'aimer.

Entre eux deux est présent un Tiers invisible qu'Anne a appelé en entrant : « Mon Dieu, je ne lâche pas ta main, et tiens fort la mienne ».

Denis, insensible dans son corps et sensible dans son cœur, ose parler à Anne. Il l'accueille : « Vous connaissez mon histoire ? ».

Une hésitation retient Anne de répondre. C'est le tournant de la rencontre.

Elle renvoie la parole à Denis pour qu'il dise lui-même ce qu'il a vécu (cf. Mc 9, 21 Jésus laisse parler le père du garçon épileptique).

Anne écoute Denis qui lui parle, qui se confie à elle en racontant ce qu'il a vécu. Anne entend sa blessure, sa détresse. Et voilà qu'avec délicatesse, elle ouvre sur la vie en lui demandant quels sont ses appuis.

La réponse est nette ; l'amour de quatre personnes : sa femme, sa petite fille, ses parents. Alors le Tiers invisible souffle à Anne un récit de l'Évangile[22] *: quatre hommes portent un paralysé sur son brancard devant Jésus. Ils désirent pour lui cette rencontre avec Jésus. Anne est la première étonnée de ce rapprochement spontané en son esprit. C'est ainsi que procède l'Esprit qui souffle où il veut*[23]*. Révélation qui opère silencieusement dans le cœur de Denis (qui écoute comme Nicodème). Il est ému jusqu'aux larmes. Se reconnaît-il dans le paralysé devant Jésus ? Anne propose de prier. Denis se sentant paralysé dans sa relation à Dieu, accepte de se laisser porter par la prière d'Anne. Alors à haute voix, elle s'adresse à ce Dieu qui nous rejoint dans notre humanité en Jésus qui porte nos souffrances. Anne rend grâce pour les appuis que Denis lui-même a nommés.*

Puisse-t-il entendre qu'à travers les détresses insupportables, la rencontre de Jésus permet une espérance, une naissance.

Le « merci » d'adieu est bien réciproque après une telle rencontre.

Denis pleure : souffrance et joie ? Larmes qui ouvrent, délivrent, libèrent ? Quel travail se poursuit en lui ? C'est le moment approprié pour partir. Anne estime qu'elle peut s'en aller. Elle sait que le travail va se poursuivre et ça ne lui appartient plus.

22. Marc 2, 3-5

23. Jean 3, 8

“ Une vie si courte ”

En ce début d’après-midi avec Bernadette, nous venons d’échanger et de nous répartir les visites que nous pensons effectuer. Un temps de prière nous donne l’impulsion pour partir à la rencontre des personnes malades. Au moment de déposer un message sur le répondeur afin de pouvoir être jointe facilement, le téléphone sonne.

J’entends ces mots : « Je vous appelle sur la demande du médecin de notre service des urgences pédiatriques, afin qu’un aumônier puisse venir auprès d’une famille et de leur petit bébé, âgé de six mois, décédé ». Je demande le nom, le prénom du bébé et les noms et prénoms des parents et s’ils sont de Grenoble. Je réponds que je viens dans quelques minutes.

Ces quelques minutes et les pas à parcourir pour rejoindre ce petit Jérémie m’offrent un peu de temps : pour recevoir cette demande, et me dire avec un petit nœud dans le ventre « C’est comme cela ! ». Je cherche les prières que j’aimerais avoir avec moi : l’Évangile de Marc[24] : « Laissez venir à moi les petits enfants… il les embrassait et les bénissait… » ; Un texte : « Je te veux vivante, maman ».

Je regarde aussi dans le dossier que je propose régulièrement aux familles lors de la préparation pour les célébrations ; il est justement là, car j’avais des funérailles ce matin. Je lis un psaume de lamentation et le psaume 130 : « Mon Dieu, je n’ai pas le cœur fier, je me tiens silencieux comme un petit enfant contre sa mère »

Je pars enfin. Je croise, d’une manière imprévue, une amie. J’aimerais lui confier ce qui m’attend et lui demander sa prière. Je la vois en pleine discussion, nous échangeons seulement un sourire et un regard complice, cela me fait du bien.

Aux urgences, une soignante m’accueille et me prévient que les grands-parents sont dans la salle d’attente, les parents sont avec la psychologue. Une personne ouvre la porte, me regarde et me dit : « Je suis une amie et la marraine choisie pour Jérémie, nous voulons le baptiser et nous pensons aussi à une célébration de funérailles ». Je l’accueille comme marraine et lui dis au nom de l’Église : « Il n’est pas possible de baptiser un bébé qui n’est plus en vie, tout sacrement est pour les vivants, mais célébrer sa courte vie est possible ». Pas de réponse, elle m’invite à rejoindre les parents de Jérémie.

En entrant, je vois une jeune femme brune, la maman de Jérémie, en compagnie d’une adolescente, une des sœurs de Jérémie. La marraine de Jérémie me présente. Les grands-parents paternels nous suivent. Le médecin qui a

24. Marc 10, 13-16

examiné Jérémie et qui est là dit à la maman de Jérémie : « Vous avez un beau bébé, son poids est de 8 kilos 900, sa taille de…, sa gorge est un peu rouge c'est tout ce que nous avons pu voir ».

J'entends ces paroles, si bonnes, concernant un bébé tellement normal. Je me surprends à ressentir un petit sursaut d'espoir. Mais les propos changent. Le même médecin parle d'autopsie, des démarches à faire ; en effet ils sont originaires de Savoie, où le petit corps de Jérémie va être transféré. La maman de Jérémie demande si elle peut le ramener chez elle. Avec douceur la jeune médecin l'en dissuade : le temps est chaud, son bébé est beau, il pourrait changer et ce ne serait bon ni pour lui ni pour eux. Elle lui précise l'arrivée des personnes de la chambre mortuaire vers dix-sept heures, ils prendront soin de son bébé.

Il est quinze heures à ce moment-là. La maman est invitée à retrouver son petit garçon. Je lui propose de me présenter son petit Jérémie. Elle accepte immédiatement. Temps d'émotion. Je vois Jérémie enveloppé dans un petit boutis, dans les bras de son papa. Petit enfant tout rond, tout beau, il semble dormir. Une image que je ne suis pas près d'oublier.

Brigitte me présente son petit Jérémie et son mari. Je m'approche, je suis presque à genou et regarde, caresse Jérémie, je fais un petit signe de la croix sur son front, signe et empreinte de l'amour au nom duquel j'ai été appelée en tant qu'aumônier, et je suis touchée. Nous sommes ensemble tous les quatre, les autres personnes étant restées à distance. Ces mots d'Isaïe[25] me viennent doucement : « J'étais dans le sein maternel… ». Ils sont comme une berceuse qui entoure Jérémie de tendresse : Amour infini, invitation à une confiance qui lui donne un à-venir possible. Les parents caressent ensemble leur tout petit en même temps que ces paroles se déposent en mon cœur. Temps d'une célébration. En silence. Je prie en les regardant tendrement.

Au bout de quelques minutes, le papa de Jérémie propose à sa femme de reprendre l'enfant dans ses bras et lui sort de la pièce. Sarah, la grande sœur de Jérémie, se rapproche et rentre dans cet espace d'intimité. Elle a besoin d'être embrassée, réconfortée, d'être reçue avec son chagrin. Mon cœur est libre, mes bras aussi. Je l'entoure puis Sarah s'éloigne petit à petit.

Brigitte berce, embrasse, berce à nouveau son tout petit, chante doucement. Je vois cette image de la Pietà de Michel-Ange. Mes bras entourent cette maman et ce tout petit, longuement, en priant. C'est alors que je demande à Brigitte de me raconter le moment où elle a appris qu'elle attendait Jérémie, où elle devenait une maman. Cette question ouvre tout à coup une parole, sur son histoire. Cette histoire coule, se déroule, tandis qu'elle le regarde, pleure, lui parle, lui dit ce qu'il n'a peut-être jamais entendu. Elle me raconte ce tout

25. Isaïe 49, 1-6

début, l'évolution de son amour pour ce tout petit qui a grandi en elle. Puis elle exprime sa culpabilité : elle n'a pas été là, elle n'a pas été éveillée, elle ne l'a pas réveillé cette nuit. Elle me raconte que ce matin son bébé dormait un peu plus tard que d'habitude et qu'elle a voulu le réveiller, mais en vain. Elle appelle, crie en s'apercevant qu'il ne bougeait plus. D'où un départ précipité pour l'hôpital le plus proche de leur domicile. Elle me redit : « Si j'avais été présente, jamais cela ne se serait produit, Jérémie serait encore en vie. Pourtant je l'ai bien couché, il était bien, j'ai pu le border ». Ses larmes coulent. Brigitte pleure et pleure encore.

La culpabilité revient en remontant plus haut dans le passé. Elle dit : « le Bon Dieu m'a punie ». Elle me parle d'une blessure ancienne, immense ; béance au cœur de la vie d'une femme ; choix, décision qui ressurgit tout à coup et lui semble aujourd'hui impardonnable. J'accueille avec bienveillance un secret profondément enfoui depuis tant d'années déjà.

Je propose à Brigitte de fermer les yeux, de regarder le Christ, de lui tendre son enfant, en le posant sur un manteau plein de douceur. Ainsi, Jérémie peut être aimé infiniment, sans limite bien au-delà de notre amour humain. Je prie : *Notre Père* et *Je vous salue Marie*. J'entends la voix faible et bien présente de Brigitte m'accompagner. Le silence s'installe à nouveau. Je propose de m'éloigner, pour permettre à Brigitte d'être un peu seule avec son bébé ; elle accepte.

Tout au long de cette rencontre, sans cesse, je me demande quelle est ma juste place ; dois-je rester ou non au cœur de ce drame, de cette douleur familiale ?

Dans la pièce à côté, je retrouve les grands-parents et la marraine. Temps d'échange : un mot, un numéro de téléphone avec le grand-père de Jérémie. Il me dit : « Comme cela va être difficile ! »

Brigitte appelle, elle a peur, son petit saigne. La marraine part chercher une soignante ; en attendant, nous prenons soin de ce petit bébé mort. Paradoxe : le sang qui ne dit plus la vie. Le temps s'écoule à la fois long et court. Je suis assise sur un escabeau tout bas, l'image de la Vierge devant la croix me vient, si douloureuse.

Le papa de Jérémie tend le téléphone à sa femme. Mélissa restée à la maison, parle à sa maman et lui pose deux questions qu'elle répète sans cesse : « Où est Jérémie, maman ? » Brigitte pleure, parle bas, si bas « Il est dans mes bras ». Mélissa redemande, elle n'entend pas sa maman, puis pose une nouvelle question : « Quand est l'enterrement ? » Question douloureuse, immensément douloureuse. Brigitte me parle de ses trois autres petites filles restées en Savoie, elles ont vu ce matin leur petit frère mort.

Vers dix-sept heures, P. de la chambre mortuaire arrive avec un berceau ; nous l'accueillons. Brigitte presse son tout petit, dans un au revoir impossible ; tous sont là, impuissants. P. parle des démarches administratives, du transfert pour la Savoie après l'autopsie. Ils pourront le revoir demain dans l'après-midi.

C'est maintenant le temps de la séparation. La marraine de Jérémie s'approche et dit avec un amour infini en tendant les bras : « Donne-moi Jérémie ». Brigitte lui tend son tout petit. Leur courage infini m'émeut profondément. Quel geste ! Pour l'une et pour l'autre. Cette marraine dépose son filleul dans le petit berceau et dit à P. : « Emmenez-le vite, s'il vous plaît ». Brigitte arrive vers moi, l'air hagard. Mes bras se tendent, elle se laisse bercer. Puis, c'est Sarah. Je dis à la marraine : « Votre geste était si beau, si courageux qu'il montre que vous êtes vraiment sa marraine ».

Le grand-père part chercher la voiture. Ils se donnent rendez-vous devant les urgences. Je ne sais si je dois les accompagner, nouvelle hésitation de ma part. Ils disent au revoir aux soignants. Je suis leurs pas, incapable de ne pas aller jusqu'au bout avec eux. Je vois la belle-mère de Brigitte raide de souffrance, sans mot, sans geste possible collée au côté de sa belle-fille. Nous descendons ensemble. Dehors, Brigitte et son mari fument une cigarette, Sarah et la marraine restent silencieuses. Tous sont dans la sidération. Seule, la grand-mère reste figée debout. Je tente de m'approcher doucement. Ma relation n'est pas désirée, me semble-t-il. Je m'éloigne et attends à distance. Je monte un instant dire au revoir aux soignants. En redescendant, je vois la voiture prête au départ. J'ai juste le temps de faire un petit geste à Sarah et au papa de Jérémie. Ils me répondent d'un signe de la main.

La voiture s'éloigne, ils partent pour la Savoie où le lendemain le corps de Jérémie sera transporté, les rejoindra pour la célébration ; mais je n'y serai pas ; mon accompagnement s'arrête là.

Je rentre à l'hôpital, reste un instant dans l'espace « silence et prière », besoin de se poser, de se ressourcer. Puis je rejoins Louis, une personne malade, à nouveau hospitalisé et rencontré il y a plus de quatre ans alors qu'il était entre la vie et la mort. Nous avions tissé un lien qui s'est poursuivi durant tout ce temps de rémission.

La toute fin de cette journée s'achève par l'appel d'un jeune prêtre malade qui rentre à nouveau à l'hôpital. Nous vivrons un temps d'échange et de prière. Par nos mains ouvertes, ensemble les unes sur les autres, nous remettons tout ce qui est là en nous, en cet instant, au Seigneur : « Seigneur, entre tes mains je remets mon esprit ». Ma journée s'achève, je n'en sors pas indemne. En faisant mémoire de ce que j'ai vécu, je demeure sur l'image de nos mains ouvertes. Tandis que mes lèvres prononcent doucement : « Seigneur, entre tes mains je remets mon esprit »[26].

26. Luc 23, 46

Le lendemain, Guy m'appelle pour la célébration d'un bébé décédé. Je suis dans l'impossibilité d'accepter, alors que Jérémie n'est pas encore inhumé. Je me sens incapable d'accueillir les jeunes parents, et de vivre avec eux ce deuil.

Véronique accepte de prendre ma place et me dit : « C'est bien normal que je sois là. »

Un drame

La mort d'un bébé est toujours un drame. Chacun le sait. Drame et injure à une vie promise. Et pourtant il faut vivre ce temps.

Culpabilité d'une maman, comme une tentative de nier la réalité « Si j'avais été présente… ». Récit insoutenable, alors que parfois, seul le silence permet de traverser.

Et c'est un exercice périlleux pour chacun de savoir sa juste place. Puiser au fond de soi ses trésors d'humanité.

Être là, accompagner au mieux, ne pas donner de réponses toutes faites, coller à la réalité avec des paroles de vérité : « Cet enfant est beau et il est décédé ». Coller à la réalité par une présence à chaque détail de la vie qui est là, événement à vivre pleinement pour ne pas subir.

Personne ne reste indemne face au drame, et pourtant la vie appelle. Et quand c'est aussi de trop pour l'aumônière, l'équipe est là.

Au cœur du drame c'est toute l'humanité de chacun qui se dévoile et la fraternité permet à la vie de rester vie et de faire reculer les forces de la mort.

“ Albin est guéri ”

23h40, 21 septembre, je suis appelée par Frédérique, une infirmière de néonat. : « Oui bonsoir, pardon de vous appeler si tard. Nous avons un bébé, Albin, né il y a trois jours, transféré hier chez nous. Les médecins ont rencontré les parents ce soir. Et suite à leur conversation, les parents désirent dormir ici cette nuit. Je viens de parler avec eux. Ils me demandent s'il y a un prêtre au CHU, et s'il peut se déplacer en pleine nuit. J'ai hésité à vous joindre sur votre portable mais j'ai choisi de vous appeler parce que je m'en voudrais s'il arrive quelque chose à leur bébé d'ici demain matin. » Frédérique ajoute : « Le papa est sous le choc. Il vient de faire une crise de spasmophilie. La maman fait face pour le moment. » Lorsque j'arrive une demi-heure plus tard, je suis accueillie par Frédérique, et suis tranquillisée par son calme et son sourire. Grandeur de ces infirmières, aides-soignantes, médecins, qui travaillent toute la nuit à soigner les bébés, à surveiller les machines, à écouter et réconforter les parents présents et inquiets, à faire preuve de maîtrise et d'humanité.

Le papa est assis, le visage fatigué, le regard inquiet. La maman n'est pas là, elle parle avec le médecin. Je m'assieds sur la chaise que me tend Frédérique, la remerciant d'un sourire, et à mon étonnement, sans préambule d'aucune sorte, Gérard, le papa, se met à parler. Il raconte cette quatrième grossesse sans souci, la naissance, la joie de Jeanne, sept ans, d'Alice, cinq ans, et de Thibault, quatre ans. Gérard évoque la lettre appliquée de Thibault à sa maman : « Merci pour le bébé ».

Gérard décrit les premiers jours d'Albin, un bébé si calme qui ne réveille même pas sa maman la nuit. Et il raconte le basculement, mardi, en fin de matinée, quand la puéricultrice examine Albin, examine Albin, examine Albin… sort dans le couloir, revient avec le pédiatre, qui examine l'enfant à son tour, et nous dit qu'Albin va être transféré au CHU, rapidement. Gérard emploie précisément ces mots : « C'était terrible, ce moment-là, c'était la descente aux enfers ». Il raconte encore les heures à attendre, puis la parole soucieuse du médecin. Il finit par ces mots : « C'est dans ces heures-là que l'essentiel saute aux yeux, et qu'on voit combien on s'encombre de broutilles ». La maman, Béatrice, nous a rejoints, a souri pour exprimer son bonjour en me faisant comprendre de ne pas interrompre son mari. Elle a appelé Claire, la marraine d'Albin, qui arrive. En l'attendant, nous échangeons sur ce sacrement que Béatrice et Gérard demandent pour Albin cette nuit. Ils auraient tant aimé le vivre ailleurs et autrement…

Nous reparlons de ce basculement qui tout d'un coup, les a mis du côté de la fragilité et de l'incompréhension, de l'impuissance, et du secours à chercher, rechercher, demander, implorer.

Le baptême d'Albin se vivra avec Gérard, avec Béatrice, avec Claire, avec Frédérique aussi qui tient à être là, au milieu des couveuses, au milieu des machines qui clignotent, qui sonnent, au milieu de toutes ces petites vies fragiles et surveillées. Nous choisissons un passage d'Évangile, puis vient la parole du sacrement : « Albin, que le Seigneur te baptise Lui qui est Père, Fils et Saint Esprit ». Quelques gouttes d'eau pour symboliser cette vie donnée. « C'est un baptême que je n'oublierai jamais » dira Gérard. Albin baptisé, Béatrice éprouve le besoin d'aller marcher dehors. Je salue Frédérique avec un sentiment de reconnaissance intérieure pour sa présence, sa compétence, et ai une bouffée de gratitude pour ce corps soignant du CHU.

Il est peut-être 1h du matin. La nuit est tiède. Il fait bon respirer et marcher en silence. Nos pas nous conduisent vers l'aumônerie, et je propose que nous y allions pour boire une tisane. Temps fraternel, à la fois surréaliste vu l'heure et le contexte, et comme il me paraît juste en même temps, juste parce que reposant, juste parce que simple. Béatrice découvrant le tabernacle, désirera communier et participer à la vie de Dieu en elle. En demandant le baptême pour leur petit garçon, en demandant l'eucharistie, en demandant le sacrement des malades le lendemain matin, les parents d'Albin me donnent un immense témoignage de foi. Comme la petite Thérèse de l'Enfant Jésus qui disait : « Moi, je prends tout, je veux tout », de même je suis émerveillée par ces parents qui tiennent comme ils peuvent et cherchent par tous les moyens à sauver leur petit. Moyens humains à travers le corps médical, à travers les courriels qu'ils enverront durant la nuit à tous leurs amis et relations pour qu'ils pensent à Albin, mais aussi moyens spirituels et de foi à travers la confiance qu'ils mettent dans les sacrements qu'offre l'Église, et dans ces courriels où ils demanderont à leurs amis croyants de prier pour leur enfant.

Mystère, mystère de la vie… petit Albin va guérir et vivre.

La guérison d'Albin, chemin de foi

J'étais parti sur les chemins de St Jacques de Compostelle, emmenant dans ma prière tous ceux que j'aime, mes proches, mais aussi les personnes visitées à l'hôpital. Faire un pèlerinage est à la fois une coupure par rapport à la vie habituelle, mais en même temps c'est consolider l'essentiel, et ainsi rester en lien avec ceux qui sont importants. J'avais en particulier demandé à l'aumônerie de l'hôpital de me dire les situations difficiles où, devant notre impuissance nous crions vers le Seigneur.

À mon arrivée à Compostelle en début d'après-midi, ce qui me préoccupe, c'est mon logement. Mais en passant devant un cybercafé, je me sens invité à lire mon courrier (merveille d'internet et des cybercafés !). Ce que je retiens, c'est le courriel de Bernadette : « Cette nuit, un petit Albin a été baptisé, et tout à l'heure il recevra le sacrement des malades avec ses parents ».

Ce qui me frappe d'abord, c'est que c'est encore un baptême, cela fait déjà beaucoup cette année, un baptême au petit matin. Nous savons bien, trop bien même, que cela signifie un petit bébé dont le pronostic vital est mauvais, sans doute une vie qui va s'achever. Le message se termine par « Priez pour lui ». Et bien oui, me voilà pleinement motivé pour aller à la cathédrale et confier cet enfant au Seigneur.

En entrant dans la cathédrale, en bon touriste qui découvre les lieux, je vais là où tout le monde va : au tombeau de St Jacques, magnifique coffre couvert d'argent. Mais ma raison réagit : ce n'est pas là qu'est St Jacques, le culte « des morts » n'a pas de sens dans notre foi, Jésus lui-même nous dit « Laissez les morts enterrer les morts ». Et pourtant ce coffre me fascine et m'émeut : les ossements de celui qui a vu le Christ transfiguré[27] sont là, comme témoin d'une réalité à la fois historique et hors du temps. Ma prière alors reprend la question de Jésus « Pour vous, qui suis-je ? », question qui m'avait fait cheminer pendant ces deux semaines de marche : « St Jacques, aide-moi à répondre à la question du Christ en me donnant une image du christ transfiguré ». Je continue ma visite vers la statue de St Jacques. Chacun la touche, mais là aussi, pour moi, il n'est pas là : ce dont j'ai besoin maintenant, c'est d'un lieu de recueillement. Je rentre alors dans une chapelle latérale dédiée au silence et à la prière. Des gens sont là et écrivent des mots à déposer.

Ma prière, pas besoin de l'écrire, je vais la dire directement à St Jacques puisque je suis « chez lui ». Et quand je prie pour un bébé qui vient d'être baptisé, naturellement je commence par « Jésus, sauve-le ». C'est pour moi une façon de confier cet enfant au Seigneur, et plus que de le confier, de lui demander que cet enfant devienne un adulte dans le royaume des cieux, pour qu'il puisse louer Dieu, choisir de servir et faire du bien pour sa famille terrestre.

Et au moment de dire « Sauve-le », le mot me paraît vide, comme une prière désincarnée ; je fais silence et c'est « Guéris-le » qui me vient. Et au moment même, je me rends compte que ce que je demande, c'est la guérison physique. Et me revient le courrier de Bernadette et la demande du sacrement des malades pour ce bébé, pour Albin. Oui, en me tournant vers St Jacques, je demande la guérison physique : la prière m'apaise et me remplit de joie, et en même temps un doute m'envahit. Est-ce possible ? L'Évangile du matin parlait bien de l'envoi des apôtres « Partez et guérissez », mais est-ce vrai aujourd'hui, ou est-ce mon imagination débordante ?

27. Luc 9, 26-36

Comment comprendre tout cela, comment être pleinement en confiance dans ma demande, et dans la réponse que la réalité inscrira ?

Je retournerai à l'office du soir, et quand j'arrive un peu en retard, quelle surprise : l'Église est pleine, une religieuse à la voix d'ange chante et son chant me saisit. Sa voix m'emporte dans un monde invisible : monde des anges, de la communion des Saints ? Je n'en sais rien, je m'en tiens à cette voix. Dans cette réalité ici-bas, c'est ma place.

Dans le chœur, beaucoup de frères en aubes blanches, avec une écharpe rouge, et treize prêtres pour concélébrer : c'est manifestement jour de fête, de grande fête, alors que dans la liturgie, c'est jour ordinaire.

C'est le soir, au solstice de septembre, et la lumière du soleil couchant plein ouest vient éclairer le cœur et la tête de la statue de St Jacques, recouverte d'or : c'est magnifique, et je perçois que St Jacques me donne à voir une image de la transfiguration. Et quand nous chantons avec le grand orgue le chant final « Ubi Caritas et Amor, Deus ibi est » (là où sont la Charité et l'Amour, Dieu est), je comprends que les cieux entiers sont là avec nous pour louer le Seigneur et qu'Albin est guéri. Je sors plein d'émotion, je veux encore prier pour Albin, mais non, c'est pour nous qu'il faut prier, car nous avons encore besoin de nous convertir.

En sortant, je rallume mon téléphone, et un SMS arrive : c'est Anne, qui a baptisé Albin tôt ce matin, et qui m'avertit ce soir pour que ma prière les rejoigne. Une prière de toute une communauté autour de ce bébé et de sa famille. Je réponds que ce soir même j'ai prié pour la guérison d'Albin, sans vouloir dire que j'étais sûr de sa guérison. Et Anne immédiatement me répond « Ton message me remplit d'une joie profonde et mystérieuse ». L'émotion m'envahit : « Elle aussi reçoit le message de la guérison ».

Oui Albin était déjà guéri, et nous ne le savions pas.

Le lendemain, message d'Odile : elle était présente pour le sacrement des malades, donné par le prêtre et reçu par les parents pour leur fils. Comme dans le message perçu hier qui me disait de « continuer de prier pour notre propre conversion » je vois aussi le sacrement des malades reçu par les parents pour Albin comme une incitation à leur propre conversion. Des parents sans doute profondément atteints par ces événements. Le message d'Odile se conclut : « Le foie qui est atteint semble aller mieux ».

Le soir, je retourne à la messe, plus quotidienne et moins festive, comme si j'entendais : « Il n'y a plus rien à voir, continue ton chemin, la vie est ailleurs, ne reste pas figé ». La vie est mouvement, et c'est dans le mouvement que je peux suivre le Christ. Quand Pierre, Jacques et Jean, témoins de la transfiguration du Christ, en présence de Moïse et Elie, veulent arrêter le temps, une voix parle, et, devant eux seuls Jésus est là.

Je reste bouleversé par tout ce que j'ai vécu. La suite de la marche sera un temps de méditation. Un pied malade me fera arrêter pour trois jours de repos et d'écriture à 10 km du Cap Finisterre, qui traditionnellement conclut le temps de pèlerinage. La guérison d'Albin, j'en ai été le témoin et non l'acteur. Je suis un pèlerin, un pèlerin ordinaire.

Trois jours plus tard, j'apprends qu'Albin va beaucoup mieux et, à mon retour, que sa guérison sera sans séquelles.

Sacrement des malades et clin d'œil de Dieu

Face à la menace de mort de leur enfant les parents ne peuvent qu'être désemparés, bouleversés. Et s'ils sont croyants, ils se tournent spontanément vers Dieu pour qu'Il intervienne. Béatrice et Gérard ont ainsi pensé à l'Onction des malades pour leur petit Albin. En fait, la loi de l'Église réserve ce Sacrement aux adultes dans la foi, capables de jeter un regard sur leur vie et d'implorer la miséricorde du Seigneur (Droit Canon 1004). Mais eux-mêmes n'étaient-ils pas dans une situation de souffrants, au bord de la perte d'Espérance ? Eux aussi avaient besoin de guérison.

Cette Onction Sacramentelle, l'Église en a l'usage à partir de St. Jacques, un des douze Apôtres de Jésus, dont les restes se trouveraient à Compostelle. Dans une lettre, contenue dans le Nouveau Testament, il détaille sa pratique dans la première Communauté chrétienne[28].

Le pèlerin-aumônier de Compostelle, en communion avec l'aumônerie de l'hôpital dans cet événement grâce aux techniques modernes, expérimente ici une sorte de clin d'œil du Seigneur, lui donnant confirmation de la guérison d'Albin.

De tels signes de Dieu ne sont pas rares dans nos vies. Nous les vivons dans la discrétion, en dehors de toute reconnaissance officielle. « Le vent souffle où il veut… »[29]*. Ainsi en est-il de l'Esprit !*

28. Jacques 5, 3-16

29. Jean 3, 8

Trois témoignages

“ Rencontres... ”

Sept heures du matin, c'est l'heure d'enfiler ma tenue qui fait de moi une infirmière pour la journée. Faire du neuf, laisser au vestiaire ce qui fait ma vie familiale et personnelle, et accueillir ce jour dans la rencontre de toutes les personnes que je vais croiser. Elles seront nombreuses, personnes malades bien sûr, leurs familles et leurs amis, collègues de travail, personnel de santé et personnel de logistique, et aussi toutes ces personnes qui viennent donner de leur temps et de leur présence auprès des malades. Vous les aurez reconnus, ce sont ces hommes et ces femmes qui viennent offrir une écoute dans la gratuité, bénévoles d'une association d'accompagnement et aussi ceux et celles du service d'aumônerie qui viennent partager un temps spirituel et religieux. Ma journée sera riche parce qu'habitée de rencontres inattendues. Ma ruche où butine tant de monde est un service de soins palliatifs, un service peut-être pas tout à fait comme les autres...

Ce jour-là arrive dans le service un couple d'un certain âge, lui en brancard, elle tonique et pourtant si fatiguée après de longues semaines d'accompagnement à la maison. Toute arrivée dans le service est un apprivoisement mutuel. Les premiers contacts sont difficiles, madame D. ayant l'impression d'« échouer » dans un service impasse, monsieur D. ayant quelques difficultés à se repérer dans son nouvel environnement. C'est à tâtons que se construisent nos premières relations. Je suis présente au travail plusieurs jours, c'est un cadeau que je reçois pour la relation qui va se construire ensemble. Peu à peu, la confiance s'installe. À travers des moyens antalgiques, une partie de la douleur de M. D. est prise en charge. Et pourtant, je sens chez cet homme une souffrance plus existentielle, un cri des profondeurs. Ce cri devient comme un refrain lancinant. Cet homme dont les autres expressions orales se réduisent au fil des heures répète sans cesse :« Acceptez la différence, regardez la différence ». Ces expressions m'interpellent, oui, je reconnais cet homme dans sa singularité, mais que cherche-t-il au fond à me dire ? M. D. investit notre relation en me nommant par mon prénom, qu'il répète souvent. Il me confie le sien, Charles. Il appelle son épouse qui assure une présence fidèle, et aussi Odile, l'aumônier, qui fait route spirituelle avec ce couple depuis plusieurs mois. Ensemble, comme à plusieurs voix, nous faisons route au côté de Charles, par la parole, le silence, le toucher. Je me sens petite face au mystère de cet homme mais je reste là avec ce que je suis. Au cours du week-end, je vois une de ses filles, c'est un temps exceptionnel de rencontre et de partage en vérité. Dès le samedi, Odile, de l'aumônerie, vient à notre rencontre. Elle est pour moi celle qui fait lien entre l'humain et le divin, donnant cette dimension à nos échanges humains et spirituels. Le dimanche, Charles est heureux de retrouver sa femme et ses filles bien-aimées. Il nous reçoit aussi avec le sourire, cela me touche, nous sommes pour lui des visages rassurants au milieu de la tempête intérieure qui est la sienne. Odile aussi est là fidèlement, apportant la communion eucharistique. Les mots de Charles témoignent d'une grande angoisse, tout son corps en porte les stigmates. Je suis sensible à cette communion humaine qui soutient Charles dans son combat, communion d'amour tellement portée par sa famille, relayée pauvrement par ce que nous sommes, Odile et moi. Je suis invitée à rester dans cette communion pour partager un temps de prière. Est-ce là ma place d'infirmière ? Malgré mes interrogations, j'accepte de quitter « le prêt-à-soigner » pour continuer cette plongée dans la rencontre humaine, je me dis que ma volonté est d'être au cœur de l'accompagnement de qualité dans toutes les dimensions de la personne, y compris sa dimension spirituelle. Je reçois cette invitation comme un cadeau. Par respect déontologique, je tairai ce qui s'est vécu à ce moment. Très simplement, je ne parlerai que de la présence habitée offerte par Odile, de la délicatesse de ses mots, de la tendresse de ses gestes et de la beauté de tous nos regards échangés. Au cours de ces instants, je ne suis pas qu'infirmière en tenue de service, je suis tout entière, pleinement ce que je suis. Ensemble, avec Charles, sa fille et son gendre, Odile l'aumônière, nous faisons route fraternelle en partageant le fardeau de notre humanité. Je n'ai qu'un mot qui résonne encore aujourd'hui : **merci.**

Cet autre jour, nous recevons M. Jean qui entre chez nous accompagné de ses deux filles. Il est évoqué une demande latente d'euthanasie, qui se révèle être plutôt une expression d'un mal-être global lié à une perte de sens. Comment vivre avec une maladie grave qui amenuise peu à peu les capacités restantes d'autonomie ? Comment vivre avec une douleur lancinante ? Au fil des jours, M. Jean est entendu dans ses différents besoins et l'équipe par son approche pluridisciplinaire lui apporte un certain soulagement. M. Jean fait aussi appel à l'équipe d'aumônerie. Un soir, au chevet de M. Jean, je croise Anne qui vient de passer un long moment. Tous ensemble, nous échangeons quelques mots. Je sens cet homme plus apaisé et dans la confiance. Les jours passent avec une altération progressive de l'état de M. Jean qui entre peu à peu dans un sommeil profond. Le dernier jour, une de ses filles est là présente, bouleversée et très émue. Sentant les derniers souffles approcher, elle me demande de rester dans la chambre. Temps du dernier soupir, temps de l'attente, temps de veille devant ce mystère de la vie qui nous échappe. Je partage avec sa fille cette impression d'une bougie qui se consume laissant pourtant une flamme incandescente dans le cœur de tous ceux qui restent. Nous vivons ce moment comme « hors du temps ». Être témoin de ce grand passage me plonge dans une certaine proximité avec cette famille, c'est tout naturellement qu'à sa demande, je me joins à elle pour la dernière célébration de l'adieu. Et là, à la chambre funéraire, je retrouve Anne qui accompagne M. Jean et sa famille. Je suis témoin de la justesse de ses mots pour parler de cette recherche de sens qui a questionné les derniers moments de cet homme. Je suis témoin de la douceur de ses propos pour laisser place à toutes les sensibilités de foi et de croyances parmi les membres de notre assemblée. Je suis témoin de cette ouverture spirituelle qui s'exprime par la foi et se traduit par le signe de la lumière. Sa fille m'invite nommément à poser une bougie allumée sur le cercueil de son papa. Accompagner jusqu'au bout, c'est faire route ensemble dans toutes les dimensions humaines. De son séjour dans notre unité, Mr. Jean a laissé ces quelques mots : « L'aventure méritait d'être vécue et j'aurais regretté de ne pas vivre ça. Ces gens-là m'ont redonné confiance en l'"humain" dans ce monde de fous où personne ne prend de temps pour l'autre et où personne n'écoute. J'allais partir amer et ils m'ont redonné goût et optimisme en la Vie. Jusqu'au bout, il y a donc des leçons de vie à recevoir… ». Pour tous ces mots qui résonnent encore si profondément en moi : **merci.**

Sept heures du soir, c'est l'heure de remettre ma tenue de travail au vestiaire pour rejoindre la vie extérieure qui m'attend. Je rentre parfois fatiguée mais tellement riche des rencontres de ma journée, avec les malades et leurs familles, avec tous ceux qui font un bout de chemin avec eux, professionnels, bénévoles, membres de l'aumônerie. Tout cela me parle d'Essentiel, c'est pour moi un appel, un réveil d'amour à ne pas manquer.

Complémentarité et rencontre dans l'accompagnement

Une journée faite de rencontres. Bien sûr les soignants sont là d'abord pour les soins, mais des soins dans la rencontre. Et ensemble tous ceux qui interviennent, famille, amis, soignants, bénévoles et aussi aumôniers vont permettre à celui qui souffre de s'exprimer pleinement. Et si par moments l'expression a besoin de confidentialité, parfois c'est au contraire la communauté autour de celui qui est là, communauté des hommes, qui est adéquate. Cela peut-être l'occasion d'un témoignage, d'une prière ou d'un rite. Et pour la personne malade c'est souvent dans cette humanité de la rencontre que la présence de Dieu se manifeste. Fatiguée, mais tellement riche, nous confie cette soignante. Merci à elle.

“ Dieu m’attendait là... ”

Comment comprendre que Dieu m’attendait là, là tout particulièrement, à l’hôpital de Grenoble. Le comprendre : non ; mais avoir l’intime conviction de l’avoir rencontré d’une manière particulière : oui. Et cela s’est étalé sur deux ans ; deux ans de « galère » certes, et en même temps deux ans d’une intimité avec le Seigneur, grâce notamment aux rencontres quotidiennes lors de mes nombreuses hospitalisations avec l’équipe d’aumônerie du CHU.

Et je peux dire qu’avec certes un autre accompagnement et d’autres échanges, j’ai beaucoup ressenti également cette fraternité chrétienne avec ma paroisse comme avec ma famille, tout cela m’ayant beaucoup aidé à faire un passage obligé de ma nomination de curé à un tout autre service dans l’Église.

D’une manière moins fréquente, mais non moins importante, mon Évêque et des confrères prêtres ont su, selon leurs disponibilités, être pour moi d’un soutien qui m’a permis de garder le lien dans le Corps sacerdotal et garder le lien avec l’Église diocésaine et l’Église Universelle.

Quelle grande Grâce d’éprouver, dans mon corps et mon esprit, cette amitié vécue ici et là, presque au quotidien dans le Corps du Christ, vraiment ressenti comme le Sacrement de la Tendresse de Dieu, ce qui a fait que je ne me suis jamais vraiment découragé, en tout cas, que j’ai pu me redresser quand je sentais le mal capable de m’écraser.

Mais reste que l’accompagnement de l’aumônerie de l’hôpital a été la référence dans cette rencontre de Dieu, et ceci avec un caractère unique, car d’un soutien unique. Dans ce lieu de souffrances et en même temps de Grâces, j’ai eu un accompagnement humain et spirituel qui m’a fait trouver le sens que pouvait prendre mon avenir car que de caps difficiles j’ai eu à vivre ! Dieu, assurément, ne m’avait pas abandonné et même, me voulait encore là, comme pour une mission et une conversion personnelle.

Je me rappelle ainsi ces rencontres quotidiennes de l’aumônerie, où je pouvais être écouté, compris dans mon chemin spirituel. Elles se sont révélées avec le temps, amicales, comme si Dieu véritablement m’apportait sa Tendresse et sa Force. Aussi l’Eucharistie qui, chaque fois, m’était proposée a également fait partie de ces temps forts qui m’ont fait miraculeusement tenir le cap de l’Espérance chrétienne. Sinon, je ne sais pas, humainement, comment j’aurais pu dire « oui » totalement au chemin qui se présentait devant moi, et ceci autant humainement que spirituellement.

J’ai enfin apprécié la complicité avec les membres de cette équipe, les échanges, les intentions de prières confiées, leur grande humilité devant l’œuvre de Dieu dans ce lieu de soins et de souffrances. Le personnel soignant, infirmières et médecins, m’ont certes remis debout physiquement, mais le contact humain allié à la dimension spirituelle a été si important que, sans parler de pleine santé recouvrée, soit possible ma réintégration à la vie sociale et ecclésiale.

Je crois comprendre aujourd'hui que ce chemin était le mien (y en avait-il un autre ?), dans le sens que c'est celui que Dieu a voulu pour mon bien, celui qui me fera parvenir au Salut, chemin qui proposera et transmettra mystérieusement le Salut à mon prochain. Car ce chemin est, je crois, missionnaire, et se doit donc, pour porter du fruit, d'être uni aux souffrances du Christ. Lui seul peut en effet nous faire accéder à notre vocation de fils et filles de Dieu, là où Dieu finalement nous attend tous, et de toute éternité.

Je conclurai en disant un grand merci à l'équipe d'aumônerie pour sa grande générosité et le don de soi de chacun qui, d'une certaine manière, reste pour moi, en tant que prêtre – et pour beaucoup d'autres aussi je suis sûr – un modèle sacerdotal qui m'apprend un peu plus à devenir prêtre chaque jour ! Mais n'est-ce pas que tout chrétien est fait prêtre, prophète et roi à son Baptême !

Être prêtre, homme et prêtre, homme malade et prêtre

Trois dimensions d'une même réalité humaine.

Et quelle joie d'être témoin du chemin parcouru !

Homme malade : ne pas réduire la personne à sa maladie. Et pourtant, la maladie fait basculer la personne dans une toute autre réalité, où la dépendance s'installe, la souffrance physique, morale, prend le pas sur le bien-être, la solitude sur les relations ordinaires du quotidien. Mais l'homme malade nous donne aussi à voir que de la maladie, l'homme peut se redresser et ne pas laisser le mal l'accabler, l'écraser. « Apprendre à guérir, non de la maladie, mais du malheur d'être malade », voilà quel peut être un chemin de vie.

Homme au milieu d'autres hommes : qu'ils soient corps soignant, médical, corps familial, corps d'Église sacerdotale et institutionnelle, corps d'aumônerie. Tous sont de la même pâte humaine, fraternelle, vulnérable et solidaire. Homme rejoint dans son besoin d'être soutenu, sécurisé, entouré. Et ce lien tissé au quotidien qui, de fraternel, se transforme peu à peu en lien d'amitié, permettra de rester sur un chemin ouvert et vivant. Nous sommes créés être, de relation, pour la relation. Ce qui nous fait vivant, c'est moins notre personne propre que ce qui la lie, relie aux autres et au monde. Un être humain tout seul ne peut pas exister.

Homme prêtre : homme qui a choisi de nommer Dieu, de le chercher, de guetter ses signes, et de le reconnaître particulièrement dans les sacrements.

Sacrement de l'eucharistie, source et sommet de la vie chrétienne, nourriture quotidienne où il puise force et réconfort ; mais il l'associe au sacrement de la Tendresse de Dieu. Magnifique expression qui dit l'importance du lien humain. Sacrement de la Tendresse de Dieu, sacrement de la Tendresse humaine, sacrement de la Rencontre. Dieu se donne, et nous donne rendez-vous là.

Et pour Christian, jaillira au cœur même de la maladie, et de l'hospitalisation, sens et chemin de vie.

Dieu l'attendait là

C'est ce sens-là que cet homme-là, prêtre, a découvert dans ce qu'il a vécu. Sens donné par lui-même et personne d'autre, car le sens de ce que chacun vit lui appartient en propre. C'est l'œuvre de sa liberté, cette liberté intouchable que chacun conserve, et nous en sommes témoins nous aumôniers, liberté conservée même lorsque la conscience est diminuée par la maladie.

L'équipe d'aumônerie ne donne jamais le sens. Ce bien précieux appartient à la personne visitée, il faut le regarder avec un infini respect, le protéger comme un fruit précieux. Mais la présence, le dialogue, la prière aussi, permettent que la personne malade accède au sens. Équipe, maillon dans une histoire, à un moment donné.

Alors ce témoignage, nous pouvons le relire en communiant à sa beauté, celle d'un homme qui accède à son chemin, à sa réintégration, autrement, à la vie sociale et ecclésiale pourtant compromises par la maladie.

C'est un immense chemin parcouru, impressionnant, et dont le sens appartient à celui qui l'a vécu. Chacun pourra réagir différemment à l'évocation de ce témoignage qui appartient à Christian.

“ Souvenirs d’une main tendue au-dessus d’un berceau… ”

Il y a deux ans, mon mari et moi accueillions notre deuxième enfant : une petite fille prénommée Marine, une petite fille qui allait aussi devoir se battre pour survivre à une maladie génétique rare et grave…

Rien n’avait été décelé pendant la grossesse, et sa naissance a révélé sa maladie. À ce moment précis, tout est allé très vite et le SAMU a emmené ma petite fille à plus de deux cents kilomètres de moi, laissant mon cœur de maman à jamais meurtri.

Il m’a fallu attendre deux longs jours avant de pouvoir enfin la retrouver en réanimation néonatale à Grenoble, et les mauvaises nouvelles n’ont fait que se succéder, les unes derrière les autres : notre si merveilleuse petite fille avait peu de chance de survivre, et dans le meilleur des cas, resterait lourdement handicapée.

Je me souviens m’être accrochée au mur du couloir pour ne pas m’écrouler, ne sachant même plus comment faire pour prier, ayant complètement perdu tout repère !

Le lendemain matin, j’appelai alors Sylvie, ma deuxième maman (qui est aujourd’hui la marraine de Marine). Au bout du fil, un cri de désespoir : « Sylvie, je n’arrive même plus à prier ! ». Elle me dit alors de prendre contact avec l’aumônerie de l’hôpital, il y en avait forcément une. Avec l’aide de l’infirmière de la néonatalogie, je pris donc contact.

Et peu de temps après, Véronique est venue me rendre visite dans la chambre de Marine…

Pour une fois, j’ai eu une « vraie » visite, pas un médecin porteur de nouvelles sans espoir, pas une infirmière qui allait devoir faire des soins douloureux à mon bébé.

La visite de quelqu’un qui venait me féliciter en tant que maman, admirer mon enfant et me dire qu’elle était belle et qu’elle me ressemblait…

Quelqu’un qui m’a pris la main et qui m’a transmis force, courage et espoir.

Quelqu’un qui a permis de rétablir le dialogue entre Dieu et moi…

Nous avons parlé, nous avons prié, et mon cœur s’est tout d’un coup apaisé. Je revis Véronique à plusieurs reprises, discutant même un jour dans le jardin de l’hôpital, en regardant mon fils Clément qui jouait avec des pommes de pin.

Quelques jours plus tard, j’appelai à nouveau l’aumônerie car nous avions décidé, mon mari et moi, de ne pas attendre de faire baptiser Marine pendant l'été (comme prévu avant la naissance), mais de célébrer ce baptême le plus vite possible, à l'hôpital.

C'est alors que je fis la connaissance de Geneviève, qui me rendit visite afin que nous partagions ensemble un temps de prière et que nous préparions la cérémonie du baptême.

Ce baptême, je l'avais préparé pendant la grossesse et, même si je n'avais pas mes documents avec moi, je me souvenais de l'essentiel. Nous avons donc mis par écrit les paroles du chant : « Je t'ai appelé par ton nom », la « Prière pour nos enfants », et retrouvé le texte de l'Évangile que j'avais choisi : « Laissez les enfants venir à moi… ».[30]

Geneviève m'a également aidée à réfléchir à ce que nous allions demander à l'Église :

« Marine, nous demandons pour toi le baptême, pour que le Seigneur soit toujours à tes côtés, pour te donner force et lumière afin de traverser ce que tu as à vivre dans les semaines à venir, et éclairer ta route tout au long de ta vie. »

Le baptême fut donc célébré dans sa petite chambre d'hôpital, par le père Jacques (originaire de la commune où nous résidons en Haute-Savoie), en présence de Geneviève qui nous avait fait la surprise de réaliser un petit feuillet souvenir. Ma maman et notre fils étaient là avec nous également.

Je n'oublierai jamais ce jour : nous avions la médaille gravée, le cierge, nous avions surtout l'essentiel : nous étions tous en communion, savourant ce moment magique et hors du temps.

Le signe de croix sur le front d'un bébé malade, une goutte d'eau, et voilà ma petite poupée baptisée, et moi une maman heureuse portant autour de mon cou sa médaille bénie.

Après ce jour à part, les obligations médicales ont repris, et les lourdes interventions chirurgicales ont continué. Notre quotidien fut ponctué de moments d'angoisse intense, de soulagement, de découragement, d'inquiétude concernant l'avenir…

Et c'est lors de l'un de ces durs moments que Geneviève me raconta l'histoire de « La trace de ses pas ». Elle n'imaginait peut-être pas que ce texte (qu'Odile me donna par la suite) allait me guider et m'aider autant. Le Seigneur me « portait dans ses bras », dans l'un des plus douloureux moments de ma vie… quel soulagement ! Merci Geneviève, ce texte m'a aidée à tenir, vous ne vous imaginez pas à quel point…

Par la suite, je fis la connaissance d'Odile, une vraie petite maman qui veillait sur moi comme sur sa fille, s'assurant que je mangeais, que je dormais.

30. Marc, 10, 13-16

Lors de nos rencontres, nous discutions, nous priions, et combien de fois me suis-je écroulée en larmes dans ses bras…

Merci pour tous ces mots réconfortants, pour cet immense espoir en la vie que vous m'avez donné. Et merci également pour vos visites, les bras chargés de cadeaux : des douceurs pour moi (pour être sûre que je mangerais quelque chose…), et un si joli livre pour Marine : « Devine combien je t'aime… », que nous lui avons lu ensemble…

Nos chemins se sont ensuite séparés, mais pas nos cœurs, car nous sommes partis à l'hôpital Necker Enfants Malades de Paris avec Marine, qui avait encore beaucoup de chemin à parcourir pour s'en sortir…

Et enfin, avec l'aide de tous ceux qui ont croisé notre vie (médecins, chirurgiens, infirmières, équipe de l'aumônerie… et notre Seigneur), nous avons vécu le plus beau jour de notre vie : la deuxième naissance de Marine, son retour à la maison après trois mois et demi de bataille, cette bataille pour la vie qu'elle a gagnée !

À l'approche du premier anniversaire de Marine, nous sommes allés à l'église de Saint Nicolas de Véroce (clin d'œil au Père Jacques !) pour éclairer avec Sylvie, sa marraine, le cierge que nous n'avions pas pu allumer à l'hôpital. Nous avons appelé ce jour : « Baptême de Marine – La Lumière ». Depuis, la Lumière est bien là, éclairant notre chemin chaque jour…

Merci au Père Jacques, à Véronique, Geneviève et Odile,

Merci…

Quand l'inattendu, insupportable, advient

L'annonce d'un drame : un bébé, une petite fille, espérance de vie, menacée dans sa vie. Tout s'écroule, avec juste le mur du couloir pour s'accrocher. Plus de prière, plus de lien avec Dieu, la vie est comme arrêtée. Une autre maman entend, Sylvie, et dans la relation va permettre à une autre porte de s'ouvrir. Les aumôniers n'ont jamais à commenter un avis médical, ils ont, si noble tâche, à accompagner la vie, la vie souffrante, et aussi la vie vivante, présente. « Qu'il est beau votre bébé » dira Véronique et cette parole remettra la maman dans un regard vers sa petite fille, regard qui avait été figé par l'annonce. Et le miracle il est dans cet accompagnement de ses parents au jour le jour, accompagnement plein d'espoir et sans nier la réalité, Marine aura des handicaps à surmonter.

Rôle si difficile des soignants : les médecins qui interviennent avec toute leur compétence, mais qui ne sont pas des magiciens et qui doivent souvent annoncer des réalités qu'ils aimeraient tant ne pas avoir à dire. Ils deviennent porteurs de mauvaises nouvelles, comme les infirmières porteuses de soins douloureux, et pourtant nécessaires. Nous les côtoyons nous les aumôniers. C'est aussi pour eux que nous sommes à l'hôpital, pour les encourager, partager leur tristesse quand c'est l'échec, parfois leur redonner confiance quand une famille avec trop de souffrances envisage un procès. Pour Marine c'est un merci à tous ceux qui ont permis sa renaissance, tous ceux qui sont cités et tous les autres qui dans l'ombre veillent au bon environnement de chacun, par leur attention à bien entretenir les locaux, leur attention à bien accueillir, leur attention à des paroles justes. Et quand en retour des nouvelles arrivent, comme pour Marine, c'est aussi beaucoup de joie et d'encouragements partagés.

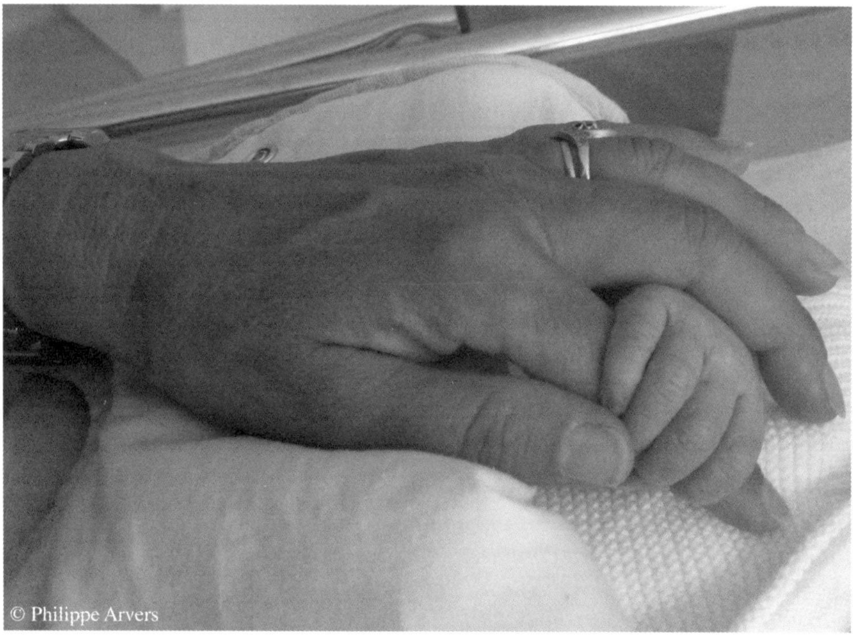
© Philippe Arvers

Être aumônier : vocation et compétence

Qu'est-ce qui permet d'exercer dans la durée un tel engagement ?

Qu'est-ce que cette démarche suppose ?

Être aumônier en hôpital, est-ce une vocation ou une compétence particulière ?

Nous nous sommes réunis, Claire Pinet, psychologue, et les auteurs pour nous poser ensemble ces questions, chacun étant invité à explorer pour lui-même :

- Quels sont mes points d'appui ?
- Qu'est-ce que ces rencontres viennent chercher en moi comme compétences ?
- Qu'est-ce que les drames de la vie des gens que nous visitons exigent de nous ?

Voici ce qui est ressorti de la mise en commun de nos perceptions individuelles.

Qu'on ne se méprenne pas sur ces lignes : elles parlent de *ce vers quoi idéalement nous tendons*. Elles ne racontent pas nos galères et nos ratages de la vie quotidienne !!!

Notre premier étayage est bien sûr notre Foi chrétienne. Nous savons que nous ne rentrons pas seuls dans la chambre du malade, que nous sommes accompagnés par l'Esprit-Saint qui guidera nos paroles et nos gestes, nous ramènera sur les phrases d'Évangile ajustées à la situation rencontrée.

Par ailleurs, notre Foi nous rappelle le caractère sacré de la rencontre : en effet, nous croyons qu'il n'y a pas de rencontre de Dieu qui ne passe par l'humain.

Ceci n'empêche pas que, lorsque nous nous mettons en route, nous devons nous attendre à tout, y compris à de réelles confrontations au niveau de la Foi.

L'aumônier vit ces confrontations en frère. Face à la question : « Où est Dieu ? », l'aumônier ne répond pas et n'élude pas : « Ensemble cherchons » est sa réponse, son attitude, sa présence en Vérité.

Cette disponibilité est exigeante en flexibilité. Elle s'accompagne toujours d'un renoncement à tout projet et d'une capacité à se remettre en cause en toute humilité.

Parallèlement à cette Présence intérieure, au cours de nos rencontres, nous avons aussi le soutien de l'équipe. Il est impossible de vivre un tel engagement en solitaire. Cela exige donc de celui qui se sent attiré vers ce « drôle de métier » une vraie capacité à travailler en équipe, à compter sur et avec les autres. Il faut savoir parler le nous et renoncer de ce fait à développer des liens privilégiés avec ceux que nous visitons.

Si on en vient maintenant à des attitudes qui relèvent davantage de la psychologie et de l'art de la communication, on a encore beaucoup à dire.

La posture de celui qui visite une personne hospitalisée s'inspire en droite ligne de ce que nous ont appris Carl Rogers et Maurice Bellet.

Nous évoquerons ici seulement l'empathie, le respect inconditionnel et l'authenticité.

L'empathie va de pair avec la juste proximité : elle permet d'être proche mais pas fusionnel, d'être concerné mais pas confondu, d'offrir notre chaleur humaine au lieu de chercher à combler des manques affectifs. Si nous nous approchons trop du vécu douloureux de cette personne que nous rencontrons, nous risquons d'être aspirés par sa souffrance et déstabilisés. En quoi serons-nous alors aidant ? La vigilance permanente sur cette notion de distance maintiendra ce qu'on pourrait appeler la « capacité à rester ouvert » : entendre tout de l'autre, de cette nuit de l'âme qu'il traverse, de sa révolte. C'est si facile de se reculer, de se fermer quand cela fait trop mal. Notons à ce propos que ce sont bien souvent les autres membres de l'équipe qui sont à même de nous alerter si nous sommes trop près.

Le respect inconditionnel est cet accueil sans jugement et sans limitation de tout ce que l'autre nous donne à voir, à entendre, à comprendre de sa personne. Nous confirmons cet accueil par ce que l'on appelle la validation, cette manière de présenter à l'autre avec nos mots à nous ce que l'on pense avoir retenu de son vécu. Dans le retour ainsi fait, la personne se sent entendue, elle sent que nous épousons sans aucun tri sa manière de voir et de ressentir. Cela revient à lui donner pleinement le droit d'être elle-même, là où elle en est aujourd'hui. Quel encouragement alors pour continuer à déposer en nous tout ce qu'elle souhaite ! Inversement, invalider ce que confie la personne a un effet brutal de bâillon.

L'authenticité, troisième pied de ce triptyque de l'écoutant, est également un travail au long cours : il s'agit petit à petit de réduire l'écart entre l'Être et le Paraître. Cela n'est autre que renoncer à « donner à voir » pour accepter d'être soi et seulement soi. Travailler à connaître et épouser toutes les facettes de notre personnalité jusqu'à offrir dans la rencontre le visage pacifié de qui sait son ombre et sa lumière.

Tout cela va permettre ce qu'on pourrait appeler la vertu de **l'attention,** présence et intérêt à cet autre tellement semblable et tellement unique et étranger. Tous sens éveillés, nous sommes portés par un émerveillement réel et profond pour la personne humaine, confiants dans les ressources personnelles que chacun contacte dans l'épreuve. Le moindre détail compte, a de l'importance et, au chevet de celui qui souffre, on comprend bien la phrase de Maurice Bellet : « Ainsi tout rentre en l'humanité, tout vaut, tout peut valoir, rien n'est perdu de ce qui fait l'homme ».

Ceci introduit à une autre attitude qu'il nous faut sans cesse retravailler tant elle est peu spontanément nôtre : il s'agit du *consentement*. Alors que nous aimerions tant avoir une baguette magique pour soulager la souffrance, nous devons accepter de demeurer les mains nues, nous contenter d'habiter de notre présence une situation souvent dramatique. C'est là pourtant que se vit un réel paradoxe : si je consens à « je ne sais pas quoi faire, je ne sais pas quoi dire, je suis impuissant », et si j'accepte de rester malgré tout, alors quelque chose de très puissant peut se vivre dans la relation, même silencieuse, et c'est là que nous constatons combien nous sommes accompagnés intérieurement…

Un autre point, et pas le moindre, sera au programme de l'aumônier : il nous faut prendre au sérieux nos propres expériences de vie, les crises, les moments douloureux traversés, pour se rappeler combien notre parcours humain dans ces moments-là est solitaire, même bien accompagné. Cette relecture nous évitera l'illusion qu'on pourrait être tout pour celui qu'on accompagne.

Pour terminer, il faut aborder un incontournable de notre engagement : celui qui se rend au chevet d'une personne hospitalisée se doit d'avoir regardé droit dans les yeux tous les aspects de notre monde, en particulier le **mal**, les drames, l'errance. Il doit vivre cette douloureuse tension entre indignation et acceptation (consentement au mystère).

Être aumônier c'est savoir avant toute chose hurler avec le malade et les siens l'insupportable de la situation, c'est veiller à ne jamais escamoter cette plongée dans l'humanité blessée…

C'est alors seulement que pourra venir peut-être une parole qui nomme la tendresse de Dieu.

Postface

Un authentique travail d'aumônerie en hôpital : « *Articuler la blessure à l'espérance* »

J'ai accompagné pendant deux ans, comme psychologue, votre Équipe d'aumônerie du CHU de Grenoble. Dans les témoignages que vous avez eu la gentillesse de me communiquer, j'ai retrouvé ce que j'avais tant apprécié lors de nos rencontres : l'intelligence relationnelle, l'humanité, la sensibilité et la foi.

Disons-le tout net : il est impossible de sortir indemne d'une telle lecture. En lisant vos témoignages, j'ai eu parfois envie de crier grâce : *« Stop ! N'en jetez plus ! »* – mais aussi de rendre grâce ! La souffrance que vous accompagnez, ce ne sont pas ces petites égratignures qui surviennent au quotidien et qui, même d'une certaine intensité, restent à la superficie de nous-mêmes. Cette souffrance est une *« mise à la question »,* selon l'expression employée pour désigner la torture au Moyen-Âge : lieu d'une douleur extrême et en même temps d'une remise en cause profonde. Pour celui qui en est touché, s'inaugure un temps d'errance. Et l'errance solitaire peut être mortelle. C'est là qu'entre en jeu votre devoir d'hospitalité. Il s'agit de permettre à celui qui a été jeté *« dans le nu de la vie »* de retrouver un lien à autrui parce que la demeure que l'homme peut habiter jusque dans l'errance, c'est une **présence.** Pour celui qui entre dans l'épreuve de la souffrance, toute présence est un présent (c'est-à-dire un cadeau), même si ce cadeau peut être dans un premier temps attaqué ou refusé. (cf. *C'était plutôt mal parti !*) Tous ceux qui ont accompagné des personnes en grande souffrance en ont fait l'expérience : à certains moments, quoi qu'on dise ou quoi qu'on fasse, ce n'est jamais bien ! Mais si vous ne dites rien, ce n'est pas mieux !

« Ne me parlez plus jamais de bonheur

De vertus ni de Dieu

Ni de clairs horizons

Mais parlez-moi quand même ! » (Auteur non connu)

Cette présence exige une formidable énergie car il y a une grande différence entre « être là » et « être présent » ! La présence suppose un acte, un acte d'attention, d'intérêt, de sympathie. Cela suppose de faire une place en soi à l'autre. **Être présent en acte,** c'est bien différent de faire acte de présence !

Ce devoir d'hospitalité, qui est l'essentiel de l'éthique d'une Équipe d'aumônerie en hôpital, suppose aussi le respect du point de départ de ceux que nous rencontrons. Je peux choisir de ne pas accueillir, mais si j'accueille, j'autorise l'autre à être ce qu'il est, à en être là où il en est, à ressentir ce qu'il ressent. La demande de reconnaissance est l'essentiel de toute demande adressée à l'autre. Reconnaître, ce n'est pas forcément approuver mais c'est confirmer quelqu'un dans son identité comme sujet humain. Toutes les rencontres dont il est question dans vos témoignages sont marquées du sceau de ce **respect :** respect du point de départ de chacun, quel qu'il soit : refus, révolte, incompréhension, désespoir, désir de mourir ou de tuer. *« Il est vrai Seigneur que certains jours je vous ai maudit »*. Ce respect n'est pas si courant dans notre Église facilement sermonneuse et moralisatrice. Voilà donc une première bonne nouvelle !

Mais la demeure doit se conjuguer avec le chemin. Accepter le point de départ de l'autre est le préalable incontournable à tout accompagnement, mais pour qu'il y ait chemin, il faut aussi lui permettre de ne pas rester les fesses collées à la ligne de départ ! *« Ne pas trop se cramponner aux poignées »* comme on pouvait lire autrefois dans les bus !

Nous pouvons envisager l'autre *« en souffrance »,* dans les deux sens de ce terme, c'est-à-dire à la fois *« douloureux »* mais aussi *« en attente de destination »,* comme on dit d'un colis qu'il est *« en souffrance »*. L'entrée dans ce chemin qui n'est pas balisé est à la fois le signe que la blessure a été reconnue et en même temps qu'on refuse qu'elle ait le dernier mot. Ce chemin est ce qui articule la blessure et l'espérance. Alors, l'errance n'est plus errement. Cette articulation entre la blessure (reconnue) et l'espérance (encore parfois méconnue) est ce qui me semble le plus remarquable dans ces récits. L'espérance, bien sûr, ce n'est pas la fin des problèmes mais c'est qu'il est toujours possible à l'homme de faire son chemin. *« Dominique m'a plus appris en quelques heures, que la vie en trente cinq ans »* vous confie, par exemple, un papa qui vient d'accompagner son enfant jusqu'à son dernier souffle. Nous touchons là au cœur de ce qu'est la vie spirituelle : non pas un compartiment spécialisé de notre vie (l'étagère la plus élevée !) mais la vie en tant qu'elle tente d'être vraiment vivante, vraiment humaine, malgré tout et Dieu sait si ce « tout » peut être écrasant à certains moments. Cette vie spirituelle n'est bien sûr le monopole d'aucune religion. De passions en passages, beaucoup de ces récits témoignent qu'un chemin est possible, au-delà des naufrages et des déchirements. Voilà une autre (sacrée) bonne nouvelle !

En lisant ces récits (et en acceptant aussi d'être lu), j'ai souvent pensé à ce texte de l'Évangile *« La guérison de la femme hémorroïsse »*[31]. L'histoire de cette femme qui est depuis très longtemps dans une perte continue de sang (c'est-à-dire une perte de l'élan vital), ce n'est pas une histoire de « bonne femme » ! Combien d'hommes souffrent aussi de blessures anciennes

31. Mt 9, 20-22

qu'aucun remède, qu'aucune stratégie, n'ont jamais permis de cicatriser totalement. La foi que Jésus admire chez cette femme, ce n'est pas une foi religieuse, c'est le refus de se résigner à sa maladie, c'est la confiance qu'elle continue d'avoir dans un autre potentiellement aidant. Dans le récit évangélique, à cette femme qui prend l'initiative audacieuse de le toucher (malgré son impureté), Jésus dira : *« Va, ta foi t'a sauvée »*. Beaucoup des témoignages de votre Équipe nous parlent de cette foi toute simple, de cette confiance dont il est possible de témoigner, au cœur même de la tempête. L'Équipe serait sans doute d'accord pour dire que ce qui est premier dans votre ministère, c'est cette foi : la foi au Dieu de Jésus Christ, bien sûr, mais aussi la confiance de ceux que vous rencontrez et la confiance en ceux que vous rencontrez.

Mais il y a dans le récit évangélique, un autre aspect qui consonne aussi beaucoup avec votre pratique d'accompagnants : Jésus se laisse toucher, au sens propre comme au sens figuré, par cette femme avec qui il cherche à entrer en dialogue malgré la foule qui le presse de toute part. La femme se jette alors à ses pieds et *« elle lui dit toute la vérité… »*. C'est aussi ce que laissent apparaître vos récits : quand on se laisse toucher par l'autre, par la détresse de l'autre, par l'histoire de l'autre, alors on lui permet, tôt ou tard, de s'exprimer en vérité, loin des faux-semblants et des postures que nous adoptons dans la vie sociale.

Mais se laisser toucher, c'est **prendre le risque d'être bousculé et atteint.** La proximité avec tant de détresses, dans leur intensité et leur répétition, ne vous fait-elle pas courir un réel danger ? Il y a heureusement dans vos témoignages un authentique souci du *« prendre soin de soi »* (personnel et en équipe) qui mérite d'être souligné. *« Aimer son prochain comme soi-même »* ne signifie-t-il pas aussi s'aimer soi-même à la manière d'un prochain ? Il y a un proverbe qui dit : *« Celui qui n'est pas son propre ami ne peut être l'ami de personne ! »* Prendre soin de soi donc, d'abord *« parce que je le vaux bien ! »*. Mais aussi parce que prendre soin de soi est la seule manière de pouvoir continuer à prendre soin de l'autre.

Un Amérindien de Guyane me disait *« Monsieur Serge, un Indien tout seul, il n'est rien »*. Nous avons tendance à l'oublier dans nos cultures mais, malades ou en bonne santé, accompagnés ou accompagnants, nous sommes tous des précaires ! Au sens étymologique le mot précaire signifie supplier, en appeler à l'autre. Le mot prière vient du mot précaire… Le précaire c'est donc celui qui est conscient de sa fragilité et en appelle à un autre pour vivre. Seuls, nous non plus ne sommes rien ! Nous ne possédons pas la vie, nous ne pouvons que la recevoir les uns des autres. (Je crois que Dieu lui aussi est un précaire, mais c'est un autre sujet !)

Voilà une dernière et paradoxale Bonne Nouvelle qui, jours après nuits, se murmure à travers ces récits : notre précieuse, indéracinable et commune **précarité.**

Serge Baqué, psychologue et prêtre de la Mission de France

© Guy Moraillon

Index des citations

Ancien testament

Genèse		
Genèse 2,18	Il n'est pas bon que l'homme soit seul	Un appel dans le couloir : « Madame,madame » p. 15
Genèse 12, 1	Quitte ton pays	Une fillette pétrifiée p. 44
Exode		
Exode 3, 5	La terre que tu foules est sacrée	Auprès des tout petits p. 32
Deutéronome		
Deutéronome 30,15-19	Choisis la vie	Fleur en séjour psychiatrique p. 22
Psaumes		
Psaume 22 (21)	Mon Dieu, mon Dieu pourquoi m'as-tu abandonné	Votre colère est légitime, Monsieur p. 54
Psaume 23 (22)	Le Seigneur est mon berger	Noël en soins palliatifs p. 41
Psaume 23 (22)	Le Seigneur est mon berger	Leur maman et grand-mère s'éteint à l'instant même p. 68
Psaume 31 (30)	Je n'ai pas le cœur fier	Une vie si courte p. 88
Psaume 131 (130)	Garde mon âme dans la paix	Un appel dans le couloir : « Madame,madame » p. 15
Isaïe		
Isaïe 49,1-6	J'étais dans le sein maternel	Une vie si courte p. 88
Isaïe 65, 25	Le loup s'étendra près de l'agneau	Dominique m'a plus appris en quelques heures que la vie en trente-cinq ans p. 78

Nouveau testament

Matthieu		
Matthieu 7, 13-14	Comme il est resserré le chemin qui conduit à la vie	Un homme entravé p.74
Matthieu 9, 20-22	La guérison de la femme hémorroïsse	Postface p. 113
Matthieu 11, 25-28	Venez à moi vous qui peinez sous le poids du fardeau	Un secret de famille p. 70
Matthieu 21,18-22	Le figuier stérile	Émeline, une jeune gabonaise p. 17
Matthieu 25, 40	C'est à moi que vous l'avez fait	Les funérailles d'un homme exemplaire p. 35

Matthieu 27, 46	Mon Dieu, mon Dieu pourquoi m'as-tu abandonné	Votre colère est légitime, Monsieur p. 54
Marc		
Marc 2, 3-5	Quatre hommes portent un paralytique	Un accident et la vie bascule p. 84
Marc 9, 21	Jésus laisse parler le père de l'enfant épileptique	Un accident et la vie bascule p. 84
Marc 10, 13-16	Laissez venir à moi les petits enfants	Dominique m'a plus appris en quelques heures, que la vie en trente-cinq ans p. 78
Marc 10, 13-16	Laissez venir à moi les petits enfants	Une vie si courte p. 88
Marc 10, 13-16	Laissez venir à moi les petits enfants	Souvenirs d'une main tendue au-dessus d'un berceau p. 105
Marc 10, 21	Jésus l'ayant regardé, l'aima	Un accident et la vie bascule p. 84
Luc		
Luc 2, 1-20	Nativité	Les funérailles d'un homme exemplaire p. 35
Luc 9, 1-6	Si vous trouvez l'hospitalité dans une maison, restez-y	Un homme penché vers sa femme p. 51
Luc 9, 26-36	La transfiguration	Albin est guéri p. 93
Luc 15, 11-24	La graine de moutarde	Un homme penché vers sa femme p. 51
Luc 23, 46	Seigneur, entre tes mains je remets mon esprit	Une vie si courte p. 88
Jean		
Jean 2, 8-10	Les noces de Cana	Revivre après quatre-vingts ans p. 82
Jean 2, 8-10	Les noces de Cana	J'ai eu une révélation p. 58
Jean 3, 8	L'Esprit souffle où il veut	Un accident et la vie bascule p. 84
Jean 3, 8	L'Esprit souffle où il veut	Albin est guéri p. 93
Jean 11, 17-35	Jésus auprès de Lazare	Une bougie pour dire Adieu à son papa p. 28
Épîtres		
Paul 1. Cor 3, 5-9	C'est Dieu qui fait croître	Leur maman et grand-mère s'éteint à l'instant même p. 68
Lettre de St Jacques 5, 3-16	Onction des malades	Albin est guéri p. 93

Coran

Coran 42, 8	Dieu aurait fait de vous une seule communauté	Remplacer l'aumônier musulman p. 25

Index des textes

Au-delà de nos pratiques
Remplacer l'aumônier musulman ....p 25
Les funérailles
d'un homme exemplaire....................p 35
Deux pauvres parmi les pauvres......p 47

Bénédiction
L'entrepreneur......................................p 19
Leur maman et grand-mère
s'éteint à l'instant même....................p 68

Colère
Votre colère est légitime, Monsieur p 54
Dominique m'a plus appris
en quelques heures, que la vie
en trente-cinq ans ....p 78
Un homme entravé.............................p 74

Écho avec mon histoire
Émeline, une jeune gabonaise...........p 17
Une bougie pour dire
Adieu à son papa.................................p 28
Noël en soins palliatifs.......................p 41
Appel pour un sacrement ....p 65
Un homme entravé.............................p 74

Être en silence
Fleur en séjour psychiatrique...........p 22
Parole libérée qui devient prière.....p 73

Famille
C'était pourtant mal parti,
ô combien mal parti… ....p 11
Une bougie pour dire
Adieu à son papa.................................p 28
Les funérailles
d'un homme exemplaire....................p 35
Au-delà du suicide..............................p 38
Une fillette pétrifiée ....p 44
Leur maman et grand-mère
s'éteint à l'instant même....................p 68
Un accident et la vie bascule ....p 84
Une vie si courte.................................p 88
Souvenir d'une main tendue
au-dessus d'un berceau....................p 105

Fin de vie
Un appel dans le couloir :
« Madame, madame »........................p 15
Émeline, une jeune gabonaise...........p 17
Noël en soins palliatifs.......................p 41
Une fillette pétrifiée ....p 44
J'ai eu une révélation ....p 58
Leur maman et grand-mère
s'éteint à l'instant même....................p 68
Dominique m'a plus appris
en quelques heures, que la vie
en trente-cinq ans ....p 78

Foi et prière
L'entrepreneur......................................p 19
Remplacer l'aumônier musulman ....p 25
Appel pour un sacrement ....p 65
Parole libérée qui devient prière.....p 73
Revivre après quatre-vingts ans ....p 82
Un accident et la vie bascule ....p 84
Albin est guéri......................................p 93
Dieu m'attendait là… p102

Funérailles
Une bougie pour dire
Adieu à son papa.................................p 28
Les funérailles
d'un homme exemplaire....................p 35
Au-delà du suicide..............................p 38
Un secret de famille...........................p 70

Guérison
Appel pour un sacrement .... p 65
Revivre après quatre-vingts ans .... p 82
Albin est guéri .... p 93

Imprévu
C'était pourtant mal parti,
ô combien mal parti... .... p 11
Un appel dans le couloir :
« Madame, madame » .... p 15
Un homme penché vers sa femme.. p 51

Jeunes enfants
Auprès des tout petits .... p 32
Une fillette pétrifiée .... p 44
Deux pauvres parmi les pauvres...... p 47
Dominique m'a plus appris
en quelques heures,
que la vie en trente-cinq ans .... p 78
Une vie si courte .... p 88
Albin est guéri .... p 93
Souvenir d'une main tendue
au-dessus d'un berceau .... p 105

La mort et l'enfant
Une bougie pour
dire Adieu à son papa .... p 28
Une fillette pétrifiée .... p 44

Liberté
Un homme entravé .... p 74

Maladie d'Alzheimer
Un appel dans le couloir :
« Madame, madame » .... p 15
Un homme penché vers sa femme.. p 51

Métier
L'entrepreneur .... p 19

Pauvreté
Deux pauvres parmi les pauvres...... p 47

Réconciliation
Un secret de famille .... p 70

Sacrement
C'était pourtant mal parti,
ô combien mal parti... .... p 11
Votre colère est légitime, Monsieur p 54
Appel pour un sacrement .... p 65

Soignants
Votre colère est légitime, Monsieur p 54
Un homme penché vers sa femme.. p 51
J'ai eu une révélation .... p 58
L'espace éthique du CHU .... p 63
Dominique m'a plus appris
en quelques heures, que la vie
en trente-cinq ans .... p 78
Une vie si courte .... p 88
Rencontres .... p 99
Souvenirs d'une main tendue
au-dessus d'un berceau .... p 105

Suicide
Au-delà du suicide .... p 38

Tendresse
Fleur en séjour psychiatrique .... p 22
Auprès des tout petits .... p 32
Un homme penché vers sa femme.. p 51
J'ai eu une révélation .... p 58
Une vie si courte .... p 88
Rencontres .... p 99

Nos livres par collections avec indication du niveau de lecture	**Ev** : Éveil **Es** : Essentiel **S** : Synthèse **Dé** : Débattre

Comprendre les personnes

Ev - Les étapes du développement de la personnalité - Livres illustrés

* **Le bébé et ses parents. 0 à 18 mois** A. Guillotte – 3e éd.
* **1 à 3 ans. Vers une personnalité autonome** J.-F. Skryppczak – Roland Burlet – 3e éd.
* **3 à 6 ans. L'enfant metteur en scène de sa vie** A. Guillotte – T. Lardier – 3e éd.
* **Œdipe (L'). Moyen de libération** C. Maccio – Cl. Régnier – 104 pages – 2e éd.
* **5-12 ans. Les enfants et leur enfance** M. Richard – 104 pages – 4e éd.
* **11-15 ans. Les enjeux d'une révolution** A. Donval – O. Thibault – R. Gattegno – 112 p. – 6e éd.
* **14-18 ans – L'adolescence** – M.-F. Jallade – 3e éd.

* * *

Es * **À l'écoute des mots de la démence** I. Vendeuvre-Bauters – 222 p.
Es * **À l'écoute du symptôme IVG** – B. Avon – 168 p.
Es * **Abécédaire d'une anorexique** – M. Rochet – 96 p.
Es * **Abécédaire de la bien-traitance en multi-accueil** – A. Deroo – 88 p.
Es * **Accéder à son intériorité -** H. Petit-Pillie - 144 p.
Es * **Accepter ses émotions** – C. Demey-Guillard – 96 p.
Es * **Accompagnement de la personne âgée avec l'approche centrée sur la personne** - M. Pörtner - 192 p.
Es * **Accompagnement érotique et handicap** C. Agthe-Diserents & F. Vatré – 160 p.
Es * **Accompagner l'enfant atteint de troubles d'apprentissage** - M.-J. Pétiniot - 272 p.
S * **Accompagner l'enfant trisomique** D. Vaginay – 240 p. – 2e éd.
S * **Accompagner la maladie d'Alzheimer M.** Personne – 208 p.
Es * **Accompagner la professionnalisation des Assistantes maternelles** — F. Champlong — 112 p.
Es * **Accompagner la surdité de son enfant** M.-L. Boinon – 96 p.
Es * **Accompagner le bébé souffrant** - B. Colineau - 192 p.
S * **Accompagner le placement familial** G. de l'Espinay & C. Papalardi – 176 p.
Es * **Accompagner le vieillissement** D. Thiebault – 96 p.
Es * **Accompagner les parentalités : le Mosip outil d'évaluation et d'intervention** C. Bopp Limoge – 256 p.
Es * **Accompagner les personnes âgées avec l'approche centrée sur la personne** – M. Pörtner –112 p.
Es * **Accompagner les personnes handicapées à domicile** – Y. Lacroix – 284 p.
Es * **Accompagner un enfant autiste —** N. Poirier & C. Kozminski — 168 p.
Es * **Accompagner vers la parentalité les personnes en situation de handicap** - B. Morin - 144 p.
Es * **Accomplir sa vie** – A. Gromolard – 144 p.
Es * **Accroître le soin relationnel** B. Cuisinier – 368 p. – 2e éd.
Es * **Accueillir les besoins psychiques de l'adulte vieillissant** – V. Robichaud – 160 p.
Es * **Adolescence : les clefs pour comprendre** Collectif – 212 p.
Es * **Adolescents, drogues et toxicomanie** L. Gonet – 144 p.
S * **Adoption (L')** – A. Decerf – 190 p. – 2e éd.
Es * **Aider les enfants en difficultés d'apprentissage** J.-C. Juhel – 364 p.
Es * **Aider son enfant à surmonter le mutisme sélectif** A. E. McHolm & C. E. Cunningham & M. K. Vanier – 192 p.
Es * **Aides-soignant(e)s en gériatrie** A.-M. & A. Crépet – 200 p.
Es * **Allaiter et reprendre le travail,** V. Darmangeat – 160 p.
S * **Alzheimer, l'aide aux aidants** J. Gaucher – G. Ribes – T. Darnaud – 144 p.
Es * **Alzheimer et vulnérabilité**- N. Kopp &P. Krolak-Salmon - 240 p.
Es * **Alzheimer system** – C. Eyanrd, 224 p.
Es * **Animer un atelier de réminiscence** A. Goldberg – 160 p. – 4e éd.
Es * **Art de dire non (L')** – J. Juul – 64 p.
Es * **Art et lien social** – Gérard Bonnefon – 144 p.
Es * **Art dramatique et déficience intellectuelle** J. Doyon – 128 p.
Es * **Art-thérapie et maladie d'Alzheimer** C. Hof – 120 p.
Es * **Atelier collage** – C. Hof – 128 p.
Es * **Atelier d'écriture et personnes âgées** M. Janvier – 160 p. - 2e éd.
Es * **Autisme, un jour à la fois (L')** N. Poirier et C. Kozminski – 200 p.
Es * **Autonomie et handicap moteur** A. Loher-Goupil – 148 p.
Es * **L'avortement et le lien maternel** I. Tamian-Kunégel – 144 p. – 2e éd.
Es * **Ce que nous enseignent les malades d'Alzheimer** L. Ploton – 144 p.
Es * **Choisir sa vie, Vivre ses choix –** P. Lefèvre – 104 p 2e éd.
Es * **Chronique d'une mort refusée** – J.-L. Gay – 160 p.
Es * **Comment élever un enfant sans se/le jeter par la fenêtre** – D. Vaginay – 238 p.
Es * **Comment en finir avec les persécutions à l'école** G. Deboutte – 176 p.
Es * **Communiquer avec des personnes âgées** M. Perron – 176 p. – 4e éd.
Es * **Communiquer avec des personnes âgées atteintes de la maladie d'Alzheimer –** J. Grisé – 86 p.
Es * **Comprendre la culture arabo-musulmane** X. Remacle – 176 p. – 2e éd.
S * **Comprendre la culture hindoue** – B. Tison – 208 p.
Es * **Comprendre la psychiatrie communautaire** H. Lasserre – 96 p.
Es * **Comprendre la psychiatrie des urgences** H. Lasserre – 64 p.
S * **Comprendre la sexualité de la personne handicapée mentale** – D. Vaginay – 199 p. – 3e éd.
Es * **Comprendre le vieillissement** – *Libérer ses peurs – Apprivoiser sa vieillesse* – D. Thiébaud – 98 p.
Es * **Comprendre le mutisme sélectif** E. Shipon-Blum – 144 p.
S * **Comprendre les jeunes** – S. Bévillard – 112 p.
Es * **Conflits amoureux** – F. Sveid, 168 p.

S * **Corps (Le) – Rôle et parole** – M.-L. Latour – 184 p.
S * **Corps en thérapie (Le)** —P. Matrat — 160 p.
S * **Courants de la psychologie (Les)** M. Richard – 292 p. – 3e éd..
Es * **Créer une alliance thérapeutique** - J.-D. Lalau - 96 p.
Es * **De la maltraitance à une relation de traitance** - T. Darnaud - 96 p.
Es * **Découvrir les atouts de la dyslexie** - D. Eberlin - 88 p.
S * **Déficience intellectuelle face aux progrès des neurosciences** – R. Broca – 320 p.
Es * **Dessine-moi un parent** – A. Deroo – 152 p.
S * **Du je au nous** – Construire notre humanité P. Lefèvre – 160 p.
Es * **Du paraître à l'être** – C. Hyerlé – 176 p.
Es * **Du rituel autistique à la construction du désir** – A. Decerf – 192 p.
Es * **Dynamiser les pratiques professionnelles de la petite enfance** – M.-P. Thollon-Behar – 80 p.
Es * **Écoute centrée sur la personne, Principes et pratique en relation d'aide** – M. Hermier – 224 p.
Es * **Écoute réciproque (L')** – A. Gromolard – 104 p.
Es * **Écouter l'autre** – Tant de choses à dire – A. Vannesse – 96 p. – 4e éd.
Es * **Écouter, comprendre, encourager** M. Pörtner – 192 p.
Es * **Écouter pour accompagner** - P. Reboul - 240 p.
Es * **Écouter son corps avec la sophrologie** J. Prévost – 224 p. poche
Es * **Éduquer son enfant en cuisinant** – M. Gilbert – 136 p.
Es * **En finir avec le tabac** – J.-L. Nicaud – 128 p.
Es * **Enfances populaire, Invisibles enfances** S. Blanchet – 128 p.
Es * **Enfant meurtri (L')** – S'en sortir sans rancune – G. Le Thi Mui – 160 p.
Es * **Enfants, adolescents maltraités, maltraitants** – B. Tison – 208 p.
Es * **Ensemble face à la drogue** – Agir au quotidien – F. Mozzo-Counil – 192 p.
Es * **Épileptique... et alors ?** - J.-R. Plaussu - 208 p.
Es * **Escales vers soi** C. De Mey-Guillard – 96 p. Poche
Es * **Être femme sur le chemin de Compostelle** G. Dutey – 160 p.
S * **Être malade et apprendre** – O. Delorme – 224 p.
S * **Être père malgré tout** – C. Dufourcq-Chappaz – 192 p.
Es * **Éveil à l'enfant (L')** – C. Bopp-Limoge – 448 p.
S * **Face aux ruptures de vie** – IRDC Vittoz – 112 p.
Es * **Favoriser le développement de l'enfant** J.-C. Juhel – 240 p.
Es * **Femmes en errance – De la survie à l'existence** Ass. Femmes SDF (Grenoble-38) – 120 p.
S * **Femmes et santé** – F. Desailly – 256 p.
Es * **Femmes musulmanes** – J. Criscuolo – 128 p.
Es * **Fonctionnements autistiques chez l'adulte** - M. Brioul - 448 p.
Es * **Grandir dans l'ombre d'un parent alcoolique** J. Allain-Vovard – D. Demaria – 112 p.
Es * **Groupes sectaires totalitaires (les)** M. Bouderlique – 112 p.
Es * **Guérir de l'inceste** – M. Cauvent – 112 p.
Es * **Habiter son corps, découvrir son être** — M. Bussillet – 168 p. - 2e éd.
Es * **Handicap et domicile** —P. Dreyer – 144 p.
Es * **Heureux en crèche** – A. Deroo, 64 p.
Es * **Histoire(s) de vieillir debout** — J. Maslowski – 208 p.
Es * **Homme et son langage (L')** – Introduction à la linguistique – F. Poché – 160 p.
Es * **Image de soi** – C. De Mey Guillard – 80 p.
Es * **Imaginer et réaliser** – La marmite des professionnels en gériatrie – N. Lairez-Sosiewicz – 112 p.
S * **Impact familiale de la maladie d'Alzheimer (L')** T. Darnaud – 160 p.
Es * **Initiation aux thérapies cognitives et comportementales** – C. De Mey-Guillard – 144 p.
S * **Inné et l'acquis (L')**- Inégalités "naturelles" et sociales – J.-F. Skrzypczak – 208 p. – 3e éd.
Es * **Intervenir en milieu familial** G.-J. Larocque – 124 p.
Es * **Intervenir en situation de crise suicidaire** C. Lafleur – M. Seguin – 124 p. + CD
S * **Intimité, secret professionnel et handicap** Collectif – 192 p.
Es * **Introduction à la psychanalyse de Freud** M. Dethy – 152 p. – 6e éd.
Es * **Introduction à la psychanalyse de Lacan** M. Dethy – 152 p. – 5e éd.
Es * **Introduction à la psychanalyse de Reich** J. Lesage de La Haye – 128 p.
Es * **Introduction à la psychologie d'Adler** C. Rager –176 p.
Es * **Introduction à la psychothérapie populaire de Freud** – A. Appreau & H. Lasserre – 96 p.
Es * **Itinéraires d'insertion** – M. Debard – 160 p.
Es * **J'ai le cancer, et alors ?** – C. Litt – 176 p.
Es * **Jardin d'enfance d'Education nouvelle Dépasser le spontané par le construit (Un)** E. Eloy – 160 p.
Es * **Je ne suis pas fou** – J. Bierhanz & Y. Foletti – 80 p.
Es * **Je suis précoce – Mes profs vont bien** E. Autain-Pleros – 96 p.
Es * **Je suis précoce – Mes parents vont bien** E. Autain-Pleros – 72 p. - 3e éd.
Es * **Lien corps psychisme** – C. Guyon-Gellin & A. Leca – 160 p.
Es * **Livre du Moi (Le)** – Ch. Staquet – 160 p.
S * **Maladie d'Alzheimer** – À l'écoute d'un langage - Dr L. Ploton – 176 p. – 4e éd.
Es * **Maladie d'Alzheimet - Vers un équilibre aidants-aidés** - A. Brouard - 144 p.
Es * **Maladies psychosomatiques et troubles de la sexualité** – M. Dethy – 120 p.
Es * **Mieux comprendre nos désirs** – De la naissance à la fin de vie – Dr P. Lefèvre – 256 p.
Es * **Mieux vivre nos comportements** – M.. Graner– 240 p.
Es * **Mon adolescent m'inquiète** - J. Bergeret, M. Houser - 144 p.
Es * **Mort dans ma vie - Des mots pour en parler (La)** - Jalmalv - 192 p.
Es * **Musique, thérapie et animation** C. Rivemale – 158 p.
Es * **Ne pas avoir peur de la psychopathologie** - L. Ploton - 176 p.
Es * **Oser proposer une autre alimentation aux personnes âgées fragilisées** - M. Perron – 176 p
Es * **Pages de vie en maison de retraite** A. Duponchelle & G. Elschner – 176 p.
S * **Papé et sa maison de retraite** – T. Darnaud – 208 p.
Es * **Parler pour exister** – Créer des espaces de parole – C. Bizet – 208 p.
Es * **Parole d'enseignante** – L'école, les belles et la Bête – A. Peignault – M.-P. Degois – 288 p.
Es * **Parole de bénévoles** – ass. EERIGE - 80 p.
Es * **Parole de jeune** – J'ai mal à ma France – A. Ly & M. Gay – 192 p.
Es * **Parole de suicidaires** – Patrick, Annie et quelques autres – 136 p.
Es * **Partir de l'enfer conjugal** - A.-M. Garcia - 96 p.
Es * **Partir en mission humanitaire** – Expatriation ? Coopération ? Don volontaire ? – B. Tison – 160 p.

ES * **Passage à l'acte : Traumatisme, résilience et effets transgénérationnels** – C. Rodet – 128 p.

Es * **Pèleriner vers Compostelle** – G. Dutey – 192 p.

S * **Personne âgée (La)** – L. Ploton – 256 p. – 7e éd.

Es * **Personne autiste et le syndrome d'Asperger (La)** J.-C. Juhel – 312 p.

Es * **Personne ayant une déficience intellectuelle (La)** J.-C. Juhel – 446 p

Es * **Polytoxicomanie** – Adefi – 208 p.

Es * **Porter un regard bien-traitant sur l'enfant et sur soi - « Sois sage, obéis ! »** – A. Deroo – 96 p.

Es * **Pour une éducation de la liberté** C. Maccio – 208 p. – 4e éd.

Es * **Pratiques psychologiques : enjeux éthiques et déontologiques** – B. Tison – 224 p.

Es * **Pratiques sportives et handicaps** Joël Gaillard – 176 p.

Es * **Prendre sa vie en main** A. Gromolard – 128 p. – 4e éd.

Es * **Processus clinique en éducation spécialisée** M. Landry – 358 p.

S * **Psychologie de la désadaptation** – J. Ratté – 402 p.

Es * **Psychologie gérontologique** J. Vézina – P. Cappeliez – P. Landreville – 230 p.

Es * **Psychomotricité au service de la personne âgée** J.-C. Juhel – 236 p.

Es * **Réaliser un projet accueil petite enfance** C. Schuhl – 120 p. – 6e éd.

Es * **Reconnaître le handicap psychique** R. Baptiste – 168 p.

S * **Re-créer les liens familiaux** M. Savourey – 192 p. – 3e éd.

Es * **Redéfinir les fondamentaux de la psychanalyse** M. Dethy – 128 p.

Es * **Réfléchir sa trajectoire de vie** – A. Terrien – 192 p.

S * **Regarde... ton enfant est compétent** J. Juul – 192 p.

Es * **Relais asistants maternels et respect de la diversité** - ESSSE - M. Mony - 112 p.

Es * **Relation d'aide (La)** – L. Tremblay 192 p.

Es * **Remédier aux douces violences** – C. Schuhl – 80 p. - 2e éd.

Es * **Renaître orphelin** – F. F. Valet – 192 p.

Es * **Repérer et éviter les douces violences** C. Schuhl et D. Dugas – 80 p. BD – 3e éd.

Es * **Re-trouver l'estime de soi** C. Bizouard et D. Roche – 128 p.

Es * **S'épuiser ou se construire** – J. Bopp – 96 p.

Es * **Se reconstruire face à un cancer du sein** J. Jehane – 128 p.

Es * **Se savoir accompagné sur le chemin de Compostelle** – G. Dutey – 112 p.

Es * **Secrets intimes – Secrets de famille** M. Quesnoy-Moreau – 112 p.

Es * **Sectes – Les manipulations mentales** M. Bouderlique – 128 p. – 3e éd.

Es * **Sexualité et vieillissement** – G. Ribes – 144 p.

S * **Sexualité pour les personnes handicapées - Réalité, utopie ou projet ?** – D. Vaginay – 352 p.

Es * **Soignants en gériatrie** – A. Crépet – 288 p.

S * **Sophrologie en pédopsychiatrie** J.-F. Fortuna – 208 p.

Es * **Subir ou rebondir après une agression** C. De Mey-Guillaud & S Raguin – 128 p.

Es * **Surmonter la mort de l'enfant attendu** É. Martineau – 136 p.

Es * **Taire et transmettre –** M. Lani-Bayle – 192 p.

Es * **Traces de vie –** M. Lani-Bayle, É. Lilet – 192 p.

Es * **Travailler la diversité en accueil de jeunes enfants** – ESSSE – 112 p.

S * **Trisomie 21** – D. Vaginay et coll. – 224 p.

Es * **Vie de la personne âgée (La)** – A. Ladret – 128 p.

Es * **Vie quand même (La)** - É; & É; de Gentil-Baichis - 160 p.

Es * **Vieillir en institution** – N. Lépine – 176 p.

Es * **Vieillissement et érosion des défenses** - R. Salicrù - 128 p.

Es * **Violences familiale, scolaire et sociale** P. Marc – 176 p.

Es * **Visages de la pauvreté** – C. Violette-Bajard – 160 p.

Es * **Vivre âgé jusqu'au bout** – A. Métral – 144 p.

Es * **Vivre après l'accident** J.-L. Simon – 152 p. – 2e éd.

Es * **Vivre avec des personnes âgées** C. Pichaud – I. Thareau – 208 p. – 4e éd.

Es * **Vivre avec son handicap** – J. Criscuolo – 160 p.

Es * **Vivre en couple** - G. Valla Chevalley - 112 p.

Es * **Vivre en crèche** – C. Schuhl – 80 p. – 14e éd.

Es * **Vivre et composer avec la dyslexie** A. Idéale – 96 p.

Es * **Vivre l'animation auprès des personnes âgées** N. Lairez-Sosiewicz – 144 p. – 6e éd.

Es * **Vivre la boulimie** – S. Riéty – 160 p. – 2e éd.

Es * **Vivre la relation avec son bébé** N. Roques – 132 p.

Es * **Vivre la retraite avec sérénité** V. Robichaud – 208 p.

Es * **Vivre la sexualité – Encyclopédie illustrée** D. Vaginay – Daniel Balvet – 176 p.

Es * **Vivre le deuil** M.-F. Augagneur – 160 p. – 4e éd.

Es * **Vivre mieux au quotidien** F. Gibert, C. Guyon-Gelin & A. Leca – 144 p. 4e éd.

S * **Vivre sa grossesse et son accouchement** I. Brabant – 440 p. – Nouvelle édition revue.

S * **Vivre sans toi** Coordonnée par A. Triponel & N. Hamza – 284 p. - 2e éd.

Es * **Vivre une (re)conquête de soi Exercices Vittoz : souplesse, simplicité, sincérité** – Vittoz IRDC – 208 p.

Es * **Vivre une relation d'aide** C. Pichaud – 192 p. – 2e éd.

Es * **Vivre une thérapie** Histoires de pères – C. Merle – 112 p.

Es * **Voyage intérieur Recueil 1** – J.-Y. Bonnamour 192 p. – 5e éd.

Es * **Voyage intérieur Recueil 2** – J.-Y. Bonnamour 200 p.

Chez le même éditeur

288 p.
L'essentiel

Être bénévole - Motivation, engagement, reconnaissance

Pascal Dreyer, Mélanie Pérenne

Le monde associatif a connu au cours des vingt dernières années une mutation profonde. Confronté à la professionnalisation et à la marchandisation des activités, à la remise en cause de l'engagement traditionnel des bénévoles, au vieillissement de ses responsables dirigeants et à la baisse substantielle de ses moyens financiers, il doit désormais trouver des réponses nouvelles tout en conservant son âme. C'est certainement par une réflexion approfondie sur le bénévolat et les bénévoles qu'il réussira à conserver la profonde originalité qui lui donne son sens : réunir des hommes et des femmes de bonne volonté au service du bien commun et du lien social, dans un esprit de désintéressement et d'engagement.

Cet ouvrage, écrit à partir d'une enquête auprès de bénévoles de tous âges, fait le pari que c'est en se tenant au plus près de la dynamique de don mise en œuvre par les bénévoles (don de soi et don de temps), que les associations sauront conquérir et fidéliser de nouveaux bénévoles. Mais aussi que les bénévoles, en connaissant mieux la nature de leur geste de don, pourront faire face aux aléas de l'engagement.

À partir de la séquence du don décrite par Marcel Mauss, donner - recevoir - rendre, l'ouvrage propose au lecteur un parcours personnel d'analyse du don de soi, de temps et de ses compétences personnelles et professionnelles dans une ou plusieurs associations. Il offre aussi aux responsables associatifs en charge des réseaux de bénévoles une réflexion sur une ressource qui n'est pas comme les autres. Un cahier juridique complète l'ouvrage.

80 p.
L'essentiel

Paroles de Bénévoles
dans l'accompagnement intergénérationnel

Association EERIGE

Aujourd'hui, donner de sa personne en offrant du temps pour lutter contre la situation d'isolement de la personne âgée, contre sa solitude, permet de redynamiser une vie quotidienne. Le bénévole peut être ainsi un lien avec elle, en partageant du temps et de la joie de vivre, en trouvant du plaisir à l'écouter raconter son parcours de vie.

À l'expérience, tout bénévole apprend beaucoup de la personne qu'elle visite.

L'apport mutuel est un véritable échange intergénérationnel et ouvre chacun à de nouveaux horizons.

Cet ouvrage exprime des paroles de bénévoles engagés dans un accompagnement intergénérationnel.

Leur lecture permet de stimuler, renforcer un engagement porteur de réciprocité et d'humanité au cœur de la vie quotidienne.

Chez le même éditeur

174 p.
L'essentiel

Communiquer avec des personnes âgées - La « Clé des sens »

Martine Perron

La communication avec des adultes âgés, même pour des proches, n'est pas toujours aisée, elle est souvent « pauvre » en contenu, répétitive dans sa forme, malgré l'intensité des sentiments éprouvés.

La « Clé des Sens » est dans cette perspective un outil performant de recueil d'informations sur les capacités relationnelles, communicationnelles, sensorielles, cognitives de la personne. La « Clé des Sens » c'est aussi et surtout un outil de communication avec l'adulte âgé, un outil d'accompagnement de la fin de vie qui lui donne et redonne toute sa dimension humaine.

Cette démarche novatrice et originale de mobilisation psychique sollicite le potentiel sensoriel des personnes âgées afin que celles-ci puissent réactiver leur mémoire ancienne, ouvrir les « tiroirs » où sont rangés, enregistrés, des connaissances, des émotions, des instants vécus.

La « Clé des Sens » ne recherche pas la performance intellectuelle mais la libération des souvenirs enfouis. En effet cette méthode propose principalement de créer les conditions d'une mise ou remise en communication de l'adulte âgé quels que soient son âge, son état de santé, ses handicaps, avec son entourage immédiat, soignant ou non-soignant.

Cet ouvrage s'adresse aux professionnels, aux bénévoles assurant la prise en charge des personnes tant à domicile qu'en institution, aux formateurs de ces personnes, ainsi qu'à l'entourage des personnes âgées.

96 p.
L'essentiel

De la maltraitance à la relation de traitance

Un autre regard sur la relation d'aide

Thierry Darnaud

La dépendance est un élément qui impacte nécessairement la nature des relations qu'entretient une personne avec son entourage.

La mise en place des aides devenues nécessaires au quotidien transforme progressivement et généralement, sans qu'ils en aient réellement conscience, les aidants familiaux et/ou professionnels en organisateurs d'aide (caregivers disent les anglo-saxons).

Les aidants se retrouvent inévitablement devant des choix cornéliens car leurs décisions oscillent entre respect des demandes et des choix de la personne vulnérabilisée, c'est-à-dire de son autonomie, et réussite à réaliser un accompagnement « sécure ».

Observés de l'extérieur, leurs agissements tendent de plus en plus à être qualifiés en acte de maltraitance de façon inepte et moralisatrice créant parfois une réelle maltraitance chez les aidants.

Réinterroger ces situations à partir du concept de relation de traitance permet de dépasser le clivage, protecteur pour les uns et dévastateur pour les autres, généré par l'idée de maltraitance.

Ouvrant à un questionnement éthique qui seul peut permettre aux aidants de mesurer la pertinence de leur positionnement et de guider leurs choix, le concept développé dans cet ouvrage se propose de donner des repères pour faciliter la relation d'aide dans le quotidien, en invitant à interroger la violence parfois « protocolisée » de l'aide apportée aux personnes en situation de fragilité et de vulnérabilité.

Chez le même éditeur

128 p.
L'essentiel

Oser la relation - Exister sans écraser

Isabelle Serck, Bruno Eliat

Nos relations sont très souvent marquées par un dualisme d'opposition. Par exemple lorsque je pense que j'ai raison/que l'autre a tort ou à l'inverse, que l'autre a raison/que j'ai tort. Pour m'épanouir et humaniser mes relations, dans la vie ordinaire et jusqu'au cœur de mes conflits, j'éviterai deux écueils : écraser l'autre ou m'écraser moi-même. Je pourrai alors exister - m'affirmer - sans que l'autre ne se sente nié. J'y arrive lorsque mon regard sur lui s'ouvre et intègre les quatre composants d'une relation ajustée :

- reconnaître l'autre,
- accueillir mes limites,
- m'affirmer,
- interpeller.

Ce livre s'adresse tant à ceux qui veulent améliorer leur relation avec leurs proches (conjointe, enfants, collègues...) qu'à des formateurs ou à des personnes engagées dans des actions plus larges (syndicales, travail pour la paix et le respect des droits de l'homme...).

Une « roue du changement de regard », à fabriquer soi-même, est jointe au livre. Elle permet de visualiser, de façon très didactique, la dynamique décrite dans l'ensemble du livre.

78 p.
L'essentiel

Mieux vivre les situations tendues

Connaissance de soi et compétences relationnelles

Jean-Luc Berger

Face aux difficultés relationnelles, le plus souvent nous improvisons, nous tâtonnons et il arrive malheureusement que les conflits dégénèrent. Cet ouvrage présente de façon essentiellement concrète et didactique des démarches favorisant une meilleure connaissance de soi en même temps qu'une meilleure entente avec autrui, spécialement dans les situations de stress et de conflit. Il traite en particulier des moyens à employer pour reconstruire une relation lorsqu'un conflit a éclaté et qu'une coopération entre les protagonistes s'avère toujours nécessaire.

Ces démarches sont inspirées en grande partie des principes de la communication non-violente avec une insistance particulière sur la nécessité de prendre un temps de recul pour examiner avec une lucidité bienveillante notre propre fonctionnement avant d'être en mesure de communiquer sainement avec autrui.

Chez le même éditeur

224 p.
L'essentiel

Écoute centrée sur la personne

Principes et pratique en relation d'aide

Michel Hermier

Cet ouvrage a pour point de départ un double constat :

- le vécu par un nombre croissant de personnes de grandes difficultés et de souffrances dans une profonde solitude ou, au moins, dans l'indifférence ;
- nous ne sommes pas naturellement et spontanément écoutants.

L'ouvrage est pour l'écoutant, une aide à mieux « entendre » l'autre, ce qu'il vit et cherche à en exprimer ; une aide aussi à mieux répondre à l'attente profonde de celui qui vient à l'écoute.

Le contenu se propose de répondre aussi concrètement que possible, notamment par de nombreux exemples, aux difficultés susceptibles d'être rencontrées par l'écoutant, à ses interrogations, à ce qu'il a à vivre lui-même dans la rencontre.

L'ouvrage fait apparaître, ainsi, que toute authentique rencontre d'écoute est une précieuse et riche expérience d'humanité, un cadeau, tant pour l'écoutant que pour l'écouté.

192 p.
L'essentiel

Écouter, comprendre, encourager

L'approche centrée sur la personne

Marlis Pörtner

Voici donc, traduit en français, un ouvrage riche, parfois bouleversant, qui se centre sur les potentialités et les ressources des personnes en situation précaire plutôt que sur les diagnostics, les plans de traitement, les conseils psycho-éducatifs. Et qui tient compte, en même temps, du bien-être souvent malmené des soignants au sein des institutions (violence, épuisement, implication trop grande, burn out).

Avec subtilité et justesse, Marlis Pörtner a adapté à ce type de population et au travail des soignants le postulat de base et les attitudes fondamentales de l'Approche centrée sur la personne. Sans oublier l'apport considérable de Garry Prouty qui a proposé, avec la pré-thérapie, une méthode pour entrer en contact avec des personnes « considérées comme incapables de vie relationnelle ».

Elle a observé dans sa pratique que l'Approche centrée sur la personne (C. Rogers) permet notamment « d'améliorer la qualité de vie des personnes concernées, d'élargir leur possibilité de choix, de faciliter le travail des soignants et de l'aménager de manière satisfaisante, de limiter les conséquences négatives d'une rotation élevée du personnel, de prévenir le burn out ».

Ce livre invite les professionnels qui sont en contact quotidien avec des personnes adultes ayant un handicap mental, des personnes dépendantes ou des adolescents au comportement difficile, à ouvrir leur champ relationnel et à oser faire suffisamment confiance aux patients pour inventer leur chemin, à « laisser vivre leurs pas » même si ce sont des petits, tout petits pas. Si ceux-ci ne correspondent pas à ce qui peut être attendu, au moins prouvent-ils « la capacité de faire des pas » et « la potentialité d'autres pas ».

Le livre fournit aussi au lecteur des outils concrets qui ont prouvé leur utilité sans pour cela être normatifs ni une entrave à la spontanéité. Chacun est invité à réfléchir à la manière dont il peut « transposer l'Approche centrée sur la personne dans son propre champ professionnel ». (Extrait de l'avant-propos)

Chez le même éditeur

240 p.
L'essentiel

Écouter pour accompagner - Fonder une pratique

Pierre Reboul

Manuel destiné aux personnes engagées dans l'écoute, cet ouvrage constitue un outil de base pour guider dans sa pratique tant le bénévole que le professionnel. Fruit d'une longue expérience de bénévolat, cet ouvrage est une « caisse à outils » adaptée à l'exercice d'une fonction nécessitant disponibilité, cohérence, travail d'équipe, déontologie, éthique...

Il se compose de six parties :

- les points d'appui : se former, être soutenu, conserver une juste distance ;
- le cadre des activités : respecter un cahier des charges, différencier bénévolat d'accompagnement et bénévolat de service, identifier ses interlocuteurs ;
- l'engagement : cerner les constantes, identifier les différents types d'accompagnement, éclaircir ses motivations ;
- la parole : les non-dits, le silence... ;
- l'écoute : écouter, s'écouter soi-même, communiquer non verbalement... ;
- les implications liées à l'engagement : temps, questionnements...

Ces différentes parties comprennent de nombreux exemples permettant d'illustrer le propos.

Cet ouvrage est un guide-ressource pour asseoir sa pratique, la renforcer. Au sein d'une association, d'une institution, il sera apprécié pour servir de référence à la mise en place d'un parcours de formation.

192 p.
L'essentiel

La mort dans ma vie - Des mots pour en parler

Asociation Jalmalv

Nous sommes tous, un jour ou l'autre, confrontés à la mort, à celle des autres, à celle de ceux que nous aimons, à la nôtre. Un espace s'ouvre alors, d'interrogations et d'angoisses, qui nous laisse démunis : Quelles réponses trouver ? Quel sens ? Qui pourrait comprendre notre peine ? Autour de nous, c'est en général le silence, comme si aborder ce sujet créait un malaise, comme si tout autre sujet était préférable.

Dans ce domaine, où nous nous retrouvons tous égaux dans notre situation d'êtres vivants - donc mortels - affirmer notre appartenance commune à une société qui a tendance à faire de la mort une étape strictement individuelle comporte un élément apaisant et sécurisant.

D'où l'idée d'offrir un lieu à tous ceux qui sont dans cette souffrance, pour vivre cette étape dans la solidarité de l'échange et de l'écoute. Une possibilité est ainsi offerte de partager ses expériences, de dire le chemin parcouru, les aides qu'on a trouvées, celles qu'on souhaiterait ou celles qu'on aimerait apporter.

C'est ce qu'a tenté un groupe très ouvert qui, depuis vingt ans, se réunit pour mettre en commun le vécu de chacun.

Cet ouvrage en constitue un témoignage ; c'est un document précieux qui permet de mieux connaître la place que notre société donne à la mort dans nos vies. Il encourage chacun d'entre nous à favoriser des échanges, dans un climat de grande solidarité et de confiance autour de ces questions qui restent fondamentales pour chacun.